TRAS EL VELO DE LOS DERECHOS HUMANOS

TRAS EL VELO DE LOS DERECHOS HUMANOS

Turquía y sus aspiraciones a la
Unión Europea

Prólogo de Roberto Bouzas

Luciana Rupina Nalpatian

teseo

FUNDACIÓN
CONSEJO NACIONAL ARMENIO
PARA LA DEFENSA DE LOS DERECHOS HUMANOS

Nalpatian, Luciana Rupina

Tras el velo de los derechos humanos : Turquía y sus aspiraciones a la Unión Europea . – 1a ed. – Ciudad Autónoma de Buenos Aires : Teseo, 2015.

138 p. ; 20×13 cm.

ISBN 978-987-723-020-8

1. Relaciones Internacionales. 2. Turquía. 3. Derechos Humanos. I. Título

CDD 327.1

Hecho el depósito que previene la ley 11.723

info@editorialteseo.com

www.editorialteseo.com

Compaginado desde TeseoPress (www.teseopress.com)

Índice

Abreviaturas y acrónimos

Asamblea Parlamentaria Conjunta entre la Unión Europea y los países de África, el Caribe y el Pacífico: ACP-EUJPA

Asamblea Parlamentaria Euro-Latinoamericana: EURO-LAT

Asamblea Parlamentaria Euro-Mediterránea: EMPA

Asamblea Parlamentaria para los Vecinos de Este de la Unión Europea: EURONEST

Convención sobre la Eliminación de todas las Formas de Discriminación contra la Mujer: CEDAW

Comunidad Europea de Energía Atómica: EURATOM

Comunidad Europea del Carbón y el Acero: CECA

Convención Europea de Derechos Humanos: CEDH

Cooperación en Asuntos de Interior y de Justicia: CAIJ

Corte Penal Internacional: CPI

Partido Republicano del Pueblo: CHP

Derechos Humanos: DDHH

Fondo de Naciones Unidas para la Infancia: UNICEF

Instrumento Europeo para la Democracia y los Derechos Humanos: EIDHR

Oficina para las Instituciones Democráticas y los Derechos Humanos: ODIHR

Organización para el Cooperación y el Desarrollo Económico: OCDE

Organización para la Seguridad y la Cooperación en Europa: OSCE

Pacto Internacional de Derechos Civiles y Políticos: ICCPR

Parlamento Europeo: PE

Partido de la Justicia y Desarrollo: AKP

Partido de los Trabajadores de Kurdistán: PKK

Política Común de Seguridad y Defensa: CSDP

Política Europea de Vecindad: ENP
Política Exterior y de Seguridad Común: PESC
Unión Europea: UE

Prólogo

Roberto Bouzas[1]

La incorporación de Turquía a la Unión Europea constituye sin duda el proceso de adhesión más extenso y problemático en la historia de la integración europea. Desde que la Comunidad Económica Europea firmó con el Estado turco el tratado de asociación (Acuerdo de Ankara) en 1963, la cuestión de la incorporación turca al proceso de integración ha estado, con diferente intensidad, sobre la mesa. Así, en 1995 Turquía firmó un acuerdo de unión aduanera con la Unión Europea y en 1999 recibió formalmente el estatus de país candidato. Este estatus abrió las puertas al inicio formal de negociaciones en el año 2005, las que ya se han extendido por casi una década. No obstante el tiempo transcurrido, la incorporación de Turquía a la Unión Europea aún parece distante.

En el trayecto de este largo período, la Unión Europea pasó de los seis socios originales de la Comunidad Económica Europea a los veintiocho miembros actuales. En el ínterin pasaron a formar parte de la Unión Europea prácticamente todas las economías del centro y del este de Europa, incluidos varios países de la conflictiva zona de los Balcanes, pero las negociaciones entre los miembros de la Unión Europea y Ankara se arrastraron sin perspectivas de una rápida conclusión.

Los obstáculos a la incorporación de Turquía a la Unión Europea han sido múltiples y se han expresado en

---

1. Investigador del CONICET, Vicerrector Académico de la Universidad de San Andrés y Director Académico de la Maestría en Relaciones y Negociaciones Internacionales de la FLACSO/Argentina y la Universidad de San Andrés desde 2003.

ámbitos muy diversos. Por una parte, Turquía ha tenido dificultades para satisfacer los criterios económicos y políticos establecidos en Copenhague en 1993. Por otra, Turquía también ha experimentado dificultades para demostrar su capacidad efectiva para implementar el extenso acervo de políticas comunitarias, una *conditio sine qua non* para la accesión. En medio de estas dificultades, tanto el Gobierno turco como los Gobiernos europeos y Bruselas han debido mantener un delicado equilibrio para que la calidad del vínculo entre ambas partes no se deteriorara.

Este libro se ocupa de analizar un área particularmente conflictiva de la relación de la Unión Europea con Turquía: los obstáculos para la convergencia de las regulaciones y las prácticas de este país en relación con el régimen europeo de derechos humanos. Haciendo pie en conceptos clave de la teoría de las relaciones internacionales, Luciana Nalpatian analiza en este libro el desarrollo del régimen de derechos humanos en la Unión Europea, los cambios en las regulaciones y las prácticas que han tenido lugar en el caso de Turquía, y la evolución propiamente dicha del proceso de negociación. En su detallado análisis la autora expone los conflictos subyacentes de carácter histórico, cultural e ideológico que han dificultado la conclusión exitosa de las negociaciones. También subraya el papel clave de las opiniones públicas internas y de las "visiones del otro" construidas a lo largo de la historia.

Para mí es motivo de satisfacción especial prologar un libro que se construyó a partir de una tesis elaborada en el marco de la Maestría en Relaciones y Negociaciones Internacionales que tuve el honor de dirigir por varios años. Para un profesor existen pocas satisfacciones mayores que ser testigo de la maduración intelectual y del crecimiento personal de sus estudiantes. Por el interés de la temática y por la satisfacción personal que me produce el resultado, los invito a acometer la lectura de este libro con atención e interés.

Buenos Aires, 7 de noviembre de 2014

Prefacio

Luciana Rupina Nalpatian

Este libro, realizado a partir del trabajo de tesis de la Maestría en Relaciones y Negociaciones Internacionales,[1] procura ser un aporte académico para el conocimiento y el análisis de la que es, seguramente, la más controversial y cuestionada candidatura de un país para integrar la Unión Europea.

¿De qué manera los derechos humanos condicionan la integración de Turquía a la Unión Europea? Esta es la pregunta que dio origen a este análisis; para ello examiné el papel que desempeñan las exigencias basadas en los criterios políticos de Copenhague respecto de la tutela de los derechos humanos como factor de negociación en este proceso de adhesión. El estudio inicial comprendió el período 1998-2010 y ha sido ampliado hasta 2013 a fin de conferir actualidad al examen de las negociaciones.

Para la elaboración de esta obra he contado con el apoyo y aliento de muchas personas, entre ellos profesores y colegas. En particular, quiero destacar al profesor Roberto Bouzas, que honra este trabajo con su esclarecedor prólogo, y al profesor Khatchik Der Ghougassian, director de la tesis. Asimismo, agradezco el aval institucional de la Fundación Consejo Nacional Armenio.

Tras el velo de los derechos humanos: Turquía y sus aspiraciones a la Unión Europea se publica en vísperas del centenario del primer genocidio del siglo XX, que fuera planificado y ejecutado por el Estado turco contra el pueblo armenio.

---

1. De la FLACSO/Argentina y la Universidad de San Andrés en cooperación con la Universidad de Barcelona.

Es un tributo a la memoria de las víctimas de la mayor violación de derechos humanos a la que puede ser sometido un pueblo. También es tributo a todos los pueblos víctimas de genocidios. Pero, fundamentalmente, se propone reivindicar la memoria colectiva de la nación armenia que desde hace cien años exige justicia y reparación.

Introducción

La precaria e inadecuada (conforme estándares internacionales) regulación que protege los derechos humanos (DDHH) y los mecanismos que garantizan su ejercicio en la República de Turquía son un impedimento que retiene a este país en las puertas de la Unión Europea (UE).

El Acuerdo Marco de Negociación alcanzado en octubre de 2005,[1] que inició el proceso de adhesión sujeto al progreso respecto del cumplimiento de los criterios políticos de Copenhague de 1993, y la decisión tomada por la Comisión Europea (2008/157/EC) en febrero de 2008, que reitera principios, prioridades y condiciones ya contenidas en el documento de 2005, reforzada luego por la decisión de la Comisión Europea de 2006 (2006/35/EC) de no abrir nuevos capítulos de negociación hasta tanto no esté asegurada la estabilidad y la irreversibilidad de la reforma política emprendida por Turquía, reflejan un proceso de marchas y contramarchas en el que los principios de libertad, Estado de Derecho, democracia y respeto de los DDHH cobran un valor significativo. Sobre esta cuestión focalizo el presente trabajo de investigación.

El preámbulo de la Declaración Universal de los Derechos Humanos adoptada por la Asamblea General de la Organización de Naciones Unidas en 1948 los define de la siguiente manera:

> Los derechos humanos son derechos y libertades fundamentales de los hombres y mujeres, de carácter indivisible e

---

1. Este acuerdo fue aprobado por la Comisión Europea en su Carta de Ampliación denominada *"Negotating framework"*, firmada en Luxemburgo el 3 de octubre de 2005. Descargado de: http://goo.gl/w7sXqy [consulta realizada 15-11-2011].

inalienable, reconocidos universalmente en el ámbito nacional e internacional, y de aplicación efectiva en cualquier Estado Miembro de Naciones Unidas y de aquellos que se encuentren bajo su jurisdicción.

El análisis de las negociaciones iniciadas entre la República de Turquía y la Unión Europea –de 1963 a 2010– compone un complejo campo de estudio debido a la multiplicidad de aspectos políticos, culturales, sociales, económicos, financieros, de seguridad y de defensa que hay que considerar. Aquí, abordaré uno de ellos: el capítulo de los derechos humanos.

Planteada la siguiente pregunta: ¿cómo los DDHH condicionan la integración de Turquía a la UE?, comienzo estudiando la evolución de los DDHH en la UE y luego en el país candidato. Efectuado un análisis comparado de estas pendientes, procuro echar luz al rol que desempeñan las exigencias basadas en los criterios políticos de Copenhague[2] respecto a la tutela de los DDHH como factor de negociación en este proceso de adhesión, el cual lleva ya más de medio siglo de historia.

El período estudiado comprende desde 1998, año en que la Comisión Europea de Derechos Humanos adoptó la comunicación "Estrategia europea para Turquía", hasta la actualidad (31 de diciembre de 2010).

Las fuentes que utilizo combinan varios recursos. Por una parte, fuentes primarias como la Declaración Universal de los Derechos Humanos, la Convención Europea de Derechos Humanos, la Carta de los Derechos Fundamentales de la UE, el plexo normativo turco, vale decir, Constitución Nacional, Código Penal, normas respecto de las minorías, Ley Antiterrorista, etc., y, por otra parte, fuen-

---

2. Criterios establecidos para la adhesión de los países candidatos a la UE adoptados en la Asamblea del Consejo de Europa de 1993, en la ciudad de Copenhague. Descargado de: http://goo.gl/jWsiQD y http://goo.gl/cNStp2 [consulta realizada el 18-05-2010].

tes secundarias, libros, informes y trabajos de investigación de organizaciones gubernamentales y no gubernamentales, selección de estadísticas y de cuadros comparativos. La investigación recurre también a la entrevista a expertos juristas internacionales.

Resulta conveniente referirme al marco teórico de las instituciones internacionales en su arista de generadores del cuerpo normativo para el tratamiento de los asuntos internacionales y, eventualmente, del comportamiento de los actores en la escena mundial. Existe una vasta literatura al respecto, pero el texto más clásico es *Después de la hegemonía* de Robert Keohane (1998) y, más precisamente, el capítulo 4 sobre la institucionalización de la política internacional.

El libro centra su análisis en la organización de la cooperación a partir de intereses comunes. La argumentación parte de una perspectiva institucionalista, que considera a las instituciones como "patrones de prácticas reconocidas donde las expectativas convergen" (Keohane, 1998: 20).

Según Keohane, la cooperación supone intereses mutuos y la teoría examina las condiciones en que el proceso puede ser exitoso o fracasar. La cooperación requiere de la mutua adaptación de las políticas de los Estados, no sólo depende de intereses compartidos sino que suele ser también el resultado de la discordia o de potenciales conflictos. Es decir, la cooperación puede ser definida como un proceso a través del cual las políticas seguidas por gobiernos facilitan sus propios objetivos como resultados de la acción coordinada y recíproca de políticas comunes. Por ello, la cooperación es una herramienta eficaz para reducir la incertidumbre y evitar la asimetría de información.

La cooperación requiere que las acciones de los individuos o de las organizaciones se adecuen mutuamente por medio de procesos de negociación y de coordinación de políticas. Son insuficientes los intereses compartidos o la superación de situaciones de conflicto, por ello debemos analizar la cooperación dentro del contexto de las instituciones internacionales, entendidas como prácticas y expectativas. "Cada acto de cooperación o de discordia afecta las convicciones, normas y prácticas que forman el contexto de las futuras acciones" (Keohane, 1998: 79).

La creación de los regímenes es el resultado de intereses compartidos, de la distribución del poder y del predominio de prácticas y expectativas. En oportunidades surgen de intentos previos, exitosos o no, de cooperación. La característica más saliente de los regímenes internacionales consiste en otorgar poder de acción a los gobiernos y en posibilitar el compromiso en el marco de acuerdos mutuamente beneficiosos; tal es así que es muy importante el valor de la información producida y distribuida por estos organismos.

Robert Keohane recurre a Krasner y Ruggie (Krasner, 1983: 195-232) para definir el concepto de régimen internacional. Ellos establecen cuatro elementos que componen los regímenes: principios, normas, reglas y procedimientos de toma de decisiones. La relación entre los principios, las normas y las reglas es lo que legitima los regímenes. Los principios, las normas, las reglas y los procedimientos contienen mandatos de conductas con mayor o menor especificidad y alcance. Una de las funciones más importantes de los regímenes es facilitar la creación de acuerdos cooperativos específicos entre los gobiernos (Keohane, 1998: 86). A continuación Keohane afirma:

> Los regímenes no deben interpretarse como nuevos elementos del orden internacional que "trascienden la nación-Estado". Deben comprenderse en especial como acuerdos motivados por el auto-interés: como componentes de sistemas en los que la soberanía sigue siendo un principio constitutivo. Esto significa que tal como lo señalan los realistas, la forma de los regímenes dependerá en gran parte de sus miembros más poderosos, abocados a la consecución de sus propios intereses. Pero los regímenes también pueden afectar los intereses estatales (Keohane, 1998: 87).

El autor presenta el funcionamiento de los regímenes internacionales a partir de su teoría funcional. La teoría del juego sostiene que los individuos racionales, egoístas, que se beneficiarían cooperando, podrían, no obstante, ser incapaces de hacerlo, podrían fracasar en el intento de coordinar las acciones para alcanzar el objetivo deseado, aún con intereses idénticos. La coordinación que puede alcanzarse, incluso sin un gobierno común, depende de la existencia de instituciones internacionales con determinadas características. La cooperación recibe el estímulo de las instituciones.

Si bien las decisiones de los Estados (actores principales de la política mundial) pueden ser consideradas voluntarias, la toma de decisiones y la imposición de limitaciones son dos aspectos esenciales de la formación y el mantenimiento de los regímenes internacionales. Los límites pueden encontrarse vinculados a factores geográficos, como así también a la voluntad de los actores poderosos. Entonces aquí intervienen las distintas oportunidades y los costos de las alternativas de cada actor. Las relaciones de poder y de dependencia son determinantes de las características de los regímenes. Evidentemente los valores en los que se inspiran y el contexto estructural y de poder en el que se desarrollan los acuerdos deben tenerse presentes, por lo que las elecciones de los actores se ven limitadas por el mayor peso de las preferencias de los más poderosos; un acto de Estado voluntario no es sinónimo de haber sido ejecutado en igualdad de condiciones con sus pares.

El autor apela al dilema del prisionero para exponer el proceso de formación de los regímenes, y explica que los actores racionales no alcanzan acuerdos a pesar de poseer intereses comunes. El compromiso, la coacción y la interacción estratégica juegan un rol esencial, y las recompensas futuras también poseen su peso específico; es un todo el proceso de transacción.

Seguidamente toma la teoría de la lógica de acción colectiva de Oslon (1965), quien argumenta que no sólo los grupos numerosos son los que alcanzan el bienestar general, sino que en los pequeños grupos la interacción es más intensa y los actores monitorean mutuamente sus conductas. Entonces, si unos cooperan porque también lo harán los otros, serán capaces de adaptar sus conductas para disminuir la discordia, lo que permitirá la creación de regímenes.

A continuación, las teorías del fracaso del mercado y de la selección racional resaltan, según Keohane, la utilidad de los regímenes internacionales como la creación de un espacio común en el que los gobiernos acuerdan pactos mutuamente beneficiosos.

La política mundial se caracteriza por deficiencias institucionales que inhiben la cooperación mutua ventajosa. Estos conflictos de intereses entre actores pueden ser producidos por aspectos externos. No obstante, Keohane toma la palabra de Coase (1960: 1-44), quien explicó que la presencia de estos aspectos no es la causa necesaria de una coordinación entre actores. Según el teorema de Coase, la clave se encuentra en la distribución de los beneficios entre los actores. Desde esta perspectiva, para que las instituciones internacionales (a través de pactos efectivos y de la adaptación mutua) produzcan resultados cooperativos beneficiosos para todos, deben darse tres condiciones: el encuadre legal que establezca confiabilidad de las acciones; la información perfecta; y los costos de transacción nula (de organización y de pagos laterales). Sin embargo, en la política mundial, estas condiciones se encuentran insatisfechas. Los gobiernos mundiales no existen, lo que hace débiles las reglas de confiabilidad, los costos de las transacciones son altos y la información resulta de difícil y de desigual acceso.

En síntesis, los regímenes facilitan la cooperación si suministran información relativamente simétrica, estableciendo modelos de confiabilidad legal y acomodando los costos de las tratativas de manera de establecer pactos mutuamente beneficiosos. Los principios, las reglas y las instituciones, por una parte, y los espacios informales que se encuentran en la periferia de las instituciones internacionales, por otra, crean esquemas de interacción entre los funcionarios que propician incentivos para acordar alianzas. Estas relaciones transgubernamentales incrementan las oportunidades de negociaciones efectivas. El recurso de la reputación y sus efectos en la conducta "voluntaria" de los gobiernos al momento de la toma de decisiones posee un peso preponderante; el temor a sentar precedentes que pueden tornarse desfavorables en el futuro, como así también las represalias que pudieran surgir repercuten en los actores, quienes continuamente calculan costos y beneficios, e incluso mantienen acuerdos no tan convenientes para el autointerés miope.

Para limitar la discordia y evitar severos conflictos a futuro, las políticas emprendidas por los gobiernos deben adaptarse entre sí. Es decir que es necesaria la cooperación. Una manera de lograr esa mutua adaptación de políticas es por medio de la actividad de un poder hegemónico, por ejemplo a través de medidas *ad hoc* para el establecimiento y el mantenimiento de regímenes internacionales que sirvan a sus intereses pero que sean suficientemente compatibles con los intereses de los otros como para que éstos los acepten. Estos regímenes crean un entorno institucional más favorable para la cooperación (es más fácil mantenerlos que crear otros nuevos), facilitan acuerdos y aseguran el cumplimiento descentralizado de los gobiernos. Aumentan la posibilidad de cooperación reduciendo costos de transacción, crean condiciones favorables para el desenvolvimiento de procesos de negociación multilaterales, legitiman o no diversas acciones estatales y facilitan relaciones entre regímenes, aumentan la simetría y la calidad de la información. Asimismo, al establecer parámetros legítimos de conducta para los actores, promueven el principio de reciprocidad.

Los regímenes internacionales cuentan con un valor importante que se conjuga exitosamente con la cooperación. Desde una perspectiva realista que sostiene que los Estados son actores egoístas y racionales que operan sobre la base de sus propias concepciones de autointerés, las instituciones son necesarias para concretar los intereses comunes de la agenda mundial, incluso para lograr los propósitos estatales. El predominio de la discordia o de la cooperación dependerá en buena medida de si los gobiernos aprovechan o no los regímenes internacionales establecidos para concretar nuevos acuerdos y asegurar el cumplimiento de los antiguos. Los regímenes tienen un valor potencial que trasciende sus propósitos concretos. Estas organizaciones supranacionales abastecen de reglas, que constituyen estándares de evaluación de la conducta estatal y facilitan el establecimiento de contactos entre gobiernos, con lo cual ayudan a suministrar información acerca de las políticas y de los valores e intenciones de los otros actores.

Robert Keohane finaliza su presentación concluyendo que concretar intereses comunes por medio de acuerdos es posible, que el valor de una buena reputación proporciona confianza y supera los costos que implican las restricciones de las reglas internacionales. Avanza y afirma que la prosecución del autointerés (miope) no requiere la maximización de la libertad de acción; los líderes inteligentes alcanzan a comprender que el logro de sus objetivos depende de su compromiso con las instituciones que hacen posible esquemas de cooperación en el ámbito de la acción multilateral.

Por otra parte, y respecto del marco conceptual de la teoría de las negociaciones internacionales, Robert D. Putnam propone su tesis sobre las negociaciones internacionales como un juego de dos niveles: externo e interno, el que aplicado al caso de estudio en este trabajo de investigación abre el análisis en relación con las causas por las cuales los DDHH condicionan la integración de Turquía a la UE.

Robert D. Putnam en su trabajo denominado *Diplomacia y política nacional: la lógica de los juegos de doble nivel* (1996) propone una base teórica para iniciar el análisis de la interacción entre los determinantes nacionales de la política exterior de un Estado y las relaciones internacionales. La política nacional y las relaciones internacionales se encuentran interrelacionadas; las dos se influyen mutuamente. El vínculo sinérgico de los asuntos de la agenda doméstica e internacional de los Estados provoca jugadas estratégicas entre los actores, que promueven la formación de coaliciones que facilitan la cooperación global.

Son numerosos los sectores de la política nacional que hacen oír sus voces a la hora de fijar los temas de la política exterior de un país. Los partidos políticos, los grupos de presión provenientes de sectores económicos, parlamentarios, organizaciones de la sociedad civil, la opinión pública y los medios de comunicación, entre los más salientes, poseen un lugar en la mesa de negociación.

El autor describe la política de las negociaciones internacionales como un juego de doble nivel. En el nivel internacional (Nivel I), se encuentran los negociadores (representantes de cada país), quienes buscan alcanzar un acuerdo preliminar que satisfaga las necesidades de cada uno de los sectores nacionales, procurando representar todos los intereses de modo tal que el acuerdo sea aprobado en la fase doméstica. En el nivel nacional (Nivel II), cada grupo discute la ratificación del acuerdo obtenido en la fase anterior. La ratificación puede significar un procedimiento informal de aprobación o formal de votación. Las expectativas y los comportamientos de los distintos actores nacionales y sus negociadores internacionales a lo largo del proceso repercuten en la otra fase, y eso conduce al éxito o al fracaso de la negociación final.

Otro elemento de esta lógica del juego de doble nivel consiste en el tamaño del "conjunto ganador". Esto es, cuanto más grande sea el conjunto de actores nacionales que se encuentran representados por el acuerdo preliminar obtenido en el Nivel I, mayores son las probabilidades de ratificación en el Nivel II.

Aquí, la credibilidad, la popularidad y la buena reputación política que el negociador principal tiene en su país son cartas muy importantes del juego. Otras herramientas muy corrientes que multiplican el tamaño del "grupo ganador" son la utilización de los pagos laterales y la buena voluntad durante la fase de ratificación; indudablemente, la capacidad de cumplir el compromiso posee un valor superlativo.

Putnam señala tres conjuntos de factores que determinan el tamaño del "conjunto ganador": la distribución del poder, las preferencias y las coaliciones del Nivel II; las instituciones políticas del Nivel II; y las estrategias de los negociadores del Nivel I. Cuando los intereses de los grupos representados son relativamente homogéneos, mayor es la capacidad de negociación en el Nivel I. En cambio, cuando las preferencias son heterogéneas, el negociador se enfrenta a una tarea de mayor complejidad. Sin embargo, puede descubrir aliados tácitos en la mesa de negociación nacional adversaria y mejorar las posibilidades de cooperación internacional.

En el proceso de ratificación, la participación de los grupos nacionales varía según el tema, la politización, los costes del no acuerdo y los beneficios del acuerdo. En este sentido, la multiplicidad de asuntos provoca elecciones preferenciales heterogéneas en el Nivel II, por lo tanto el negociador principal debe alcanzar un consenso entre los sectores nacionales estableciendo alianzas y coaliciones, realizando concesiones entre la mesa internacional y la nacional que conduzcan al éxito del acuerdo. De este modo, el autor afirma que se produce una relación sinérgica dado que los asuntos en el Nivel I "reverberan" en los resultados posibles del Nivel II.

A partir del marco teórico propuesto y de los tres conceptos principales desarrollados –cooperación; instituciones internacionales y, en particular, regímenes; la dinámica de los juegos de doble nivel en las negociaciones– pareciera que la relación cooperativa sostenida entre Turquía y la UE es necesaria para comprender si el supuesto de intereses mutuos en el campo de las Relaciones Internacionales genera condiciones de éxito o no del proceso de ingreso. Resulta entonces que el régimen de los DDHH dentro de la UE es el contexto institucional en el que se evalúa la actuación de Turquía en la materia; la teoría de negociaciones de Putnam permite entender la dinámica interna-externa que echa luz sobre el fracaso o el éxito de la negociación en este tema.

El trabajo se encuentra organizado del siguiente modo: introducción; tres capítulos principales; conclusión; bibliografía y un apéndice de entrevistas.

El cuerpo principal desarrolla en el Capítulo I los DDHH en la UE: sus antecedentes, el marco normativo, la ampliación de la UE y la aplicación y el ejercicio de los DDHH en la UE. El Capítulo II trata los DDHH en Turquía: describe el contexto político y lo analiza de acuerdo con el marco legal y sus mecanismos de garantía recurriendo a informes emitidos por los organismos consultivos, interinstitucionales y supranacionales, como así también por las organizaciones no gubernamentales que luchan por el respeto de los DDHH. En el Capítulo III se analiza el proceso de negociación recorrido, los resultados y las conclusiones preliminares de los capítulos anteriores, y se los integra para la extracción de una conclusión final y un breve comentario de opinión personal.

1

El régimen europeo de derechos humanos

Antecedentes

La UE es un espacio político, social, cultural, económico y financiero en donde los países de la región depositan sus mayores esfuerzos de progreso aspirando a potenciar sus contribuciones individuales como naciones hasta alcanzar el máximo grado de desarrollo común.

La UE asigna especial importancia a la defensa de los DDHH: focaliza su labor en la protección de minorías y en la lucha contra el racismo, la xenofobia y la discriminación. Sobre estos pilares universales es que la Comunidad Europa, hoy devenida en Unión Europea, cimienta sus instituciones. Por ello es que tanto los países que deseen incorporarse a ella como aquellos que mantengan acuerdos comerciales deben respetar estos valores.

La UE es integrada por veintisiete países de aquel continente. Su última ampliación corresponde al año 2007. Alemania, Austria, Bélgica, Bulgaria, Chipre, Dinamarca, Eslovaquia, Eslovenia, España, Estonia, Finlandia, Francia, Grecia, Hungría, Irlanda, Italia, Letonia, Lituania, Luxemburgo, Malta, Países Bajos, Polonia, Portugal, Reino Unido, República Checa, Rumania y Suecia son los actuales miembros. Turquía, Croacia y Antigua República Yugoslava de Macedonia son los países que han logrado el estatus de candidato, al iniciar las negociaciones para la adhesión en el año 2005. Islandia también se ha sumado recientemente al listado de candidatos, ya que el Consejo Europeo, celebrado en Bruselas el 17 de junio de 2010,[1] acordó la apertura de las negociaciones con el gobierno islandés para su adhesión a la Unión Europea.

De la UE se desprenden varias instituciones, organismos consultivos, financieros e interinstitucionales. Para el caso en estudio, las más atinentes son el Parlamento Europeo, órgano legislativo con setecientos ochenta y cinco representantes; la Comisión Europea, órgano ejecutivo responsable de monitorear la correcta aplicación de tratados y decisiones de las instituciones de la UE; y la Corte de Justicia de la Comunidad Europea, órgano judicial encargado de asegurar la interpretación y la aplicación de la ley conforme los tratados vigentes.

El Tratado de Maaestricht de 1993 es el acuerdo que transforma visceralmente la estructura de esta asociación de estados iniciada en la década de 1950, incorporando dos sistemas de cooperación intergubernamental: la Política Exterior y de Seguridad Común (PESC) y la Cooperación en Asuntos de Interior y de Justicia (CAIJ).

Originariamente destinada a superar las consecuencias producidas por las crisis derivadas de las dos guerras mundiales, la Comunidad Europea del Carbón y el Acero (CECA) de 1951 reúne a Alemania, Francia, Bélgica, Italia, Luxemburgo y Países Bajos.

Pocos años después, los Tratados de Roma (1957) constituyen la denominada Comunidad Económica Europea e inauguran así un mercado común con la finalidad de levantar por completo las barreras arancelarias entre los estados contratantes y la Comunidad Europea de Energía Atómica (EURATOM).

A finales de los años sesenta, el crecimiento de las economías domésticas posibilita la supresión de los derechos de aduana y habilita el comercio transfronterizo de mercan-

---

1. Conclusiones del Consejo Europeo de Bruselas (junio de 2010). Descargado de: http://goo.gl/BZ88rz EUCO 13/10 [consulta realizada el 18-11-2010].

cías hasta alcanzar finalmente, en 1993, un mercado único que permite la libre circulación de mercancías, servicios, personas y capitales, al mismo tiempo que se prepara para la instauración de una moneda única, el euro.

Le seguirán los Tratados de Ámsterdam (1997), de Niza (2001), Constitucional (2004) y de Lisboa (2007). Este último rediseña el funcionamiento de la UE, aunque no sustituye los Tratados Constitutivos de Roma ni de Maaestricht.

Tabla I.1 TRATADOS

Año (firma/ vigor)	Tratado	Característica
1951/1952	CECA	Reúne a Alemania, Francia, Bélgica, Italia, Luxemburgo y Países Bajos y constituye la Comunidad Económica del Carbón y del Acero.
1957/1958	ROMA	Constituye la CCE y coincide con la creación del EURATOM por eso se los denomina "Tratados de Roma".
1992/1993	MAAESTRICHT o "de la Unión Europea"	Cambia el nombre de CEE por CE y transforma estructura creando mercado común e incorporando sistema de cooperación intergubernamental: PESC y CAIJ.
1997/1999	ÁMSTERDAM	Reforma las instituciones de la UE para preparar la llegada de futuros países miembros.

2001/2003	NIZA	Reforma las instituciones para que la UE funcione tras ampliación a 25 miembros en 2004.
2004/no entró en vigor	CONSTITUCIONAL	Establece Constitución para toda la UE.
2007/2009	LISBOA	Rediseña funcionamiento de la UE.

Fuente: http: //europa.eu/abc/treaties/index_es.htm y http: //europa.eu/about-eu/basic-information/decision-making/treaties/index_es.htm

Mapa I.1 Unión Europea

Por su parte, el Consejo de Europa desde su creación en 1949 aboga por la promoción de la democracia, la protección de los DDHH y el fortalecimiento del Estado de Derecho en toda la región.

La tutela de derechos civiles y políticos fue desde sus comienzos la bandera que enarbolaron los gobiernos europeos con miras al desarrollo regional al que anhelaban durante los primeros años de la posguerra. Su piedra fundamental para la concreción de este objetivo fue la redacción de un instrumento legal denominado Convención Europea de Derechos Humanos[2] (Forsythe, 2006: 122).

Los países firmantes de este tratado poco a poco sumaron compromisos respecto de derechos económicos, sociales y los llamados derechos de tercera generación.

A la fecha, el Consejo de Europa se encuentra conformado por cuarenta y siete países, aunque varios de sus miembros no corresponden geográficamente al continente europeo.[3] Su estructura orgánico-funcional está definida por una Asamblea Permanente, una Comisión Europea de DDHH y un Tribunal Europeo de DDHH. Además, la creación de la figura de un Alto Comisionado de DDHH en el año 1999 como institución descentralizada contribuye a la promoción de estos valores a través de una asistencia y de un diálogo continuo con los dirigentes políticos, pero también con los individuos vía instituciones civiles y organizaciones defensoras de los DDHH.

---

2. La Convención Europea de DDHH fue aprobada en 1950 y posee cinco protocolos adicionales firmados en los años 1964, 1983, 1998, 2002 y 2004.

3. Los países miembros del Consejo de Europa son los siguientes: Bélgica, Dinamarca, Francia, Italia, Irlanda, Luxemburgo, Países Bajos, Noruega, Suecia, Reino Unido, Grecia, Turquía, Islandia, Alemania, Austria, Chipre, Suiza, Malta, Orden de Malta, Portugal, España, Liechtenstein, San Marino, Finlandia, Hungría, Polonia, Bulgaria, Estonia, Eslovenia, República Checa, Eslovaquia, Rumania, Andorra, Letonia, Albania, Moldavia, Macedonia, Ucrania, Federación Rusa, Croacia, Georgia, Armenia, Azerbaiyán, Bosnia-Herzegovina, Serbia, Mónaco, Montenegro. Bielorrusia es el próximo candidato a incorporarse.

MEMBERS OF THE COUNCIL OF EUROPE

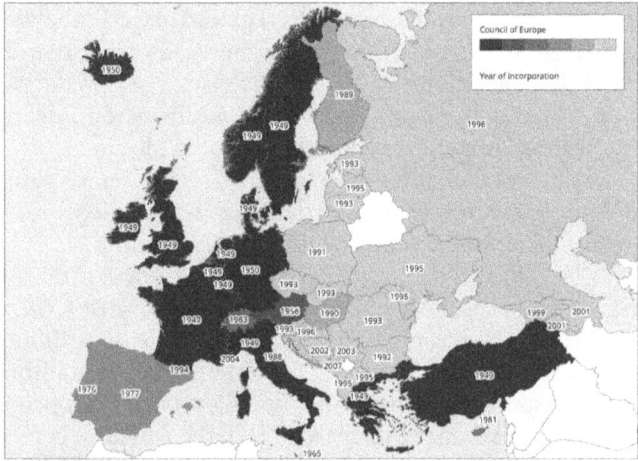

Source: Council of Europe

Análisis

La Comunidad Económica Europea, embrionaria de la actual Unión Europea ha transitado un largo camino de reconocimiento al comienzo, de respeto luego y de protección activa en el presente.

Marco normativo central

El Tratado de Roma de 1957 delineó las primeras políticas comunitarias en este tema estableciendo en sus artículos 13 y 177/8/9 herramientas de acción frente a eventuales violaciones durante este proceso económico que se iniciaba.

Tratado de Roma, Título I, Principios:

Artículo 13[4]

1. Sin perjuicio de las demás disposiciones del presente Tratado y dentro de los límites de las competencias atribuidas a la Comunidad por el mismo, el Consejo, por unanimidad, a propuesta de la Comisión y previa consulta al Parlamento Europeo, podrá adoptar acciones adecuadas para luchar contra la discriminación por motivos de sexo, de origen racial o étnico, religión o convicciones, discapacidad, edad u orientación sexual.

Tratado de Roma, Título XX, Cooperación al Desarrollo:

Artículo 177

1. [...]

2. La política de la Comunidad en este ámbito contribuirá al objetivo general de desarrollo y consolidación de la democracia y del Estado de Derecho, así como al objetivo de respeto de los derechos humanos y de las libertades fundamentales.

3. La Comunidad y los Estados miembros respetarán los compromisos y tendrán en cuenta los objetivos que han acordado en el marco de las Naciones Unidas y de otras organizaciones internacionales competentes.

Artículo 178

La Comunidad tendrá en cuenta los objetivos contemplados en el artículo 177 en las políticas que aplique y que puedan afectar a los países en desarrollo.

Artículo 179

1. Sin perjuicio de las demás disposiciones del presente Tratado, el Consejo,..., adoptará las medidas necesarias para el

4. Artículo modificado por el Tratado de Niza.

logro de los objetivos enunciados en el artículo 177. Dichas medidas podrán adoptar la forma de programas plurianuales.

2. El Banco Europeo de Inversiones contribuirá, en las condiciones previstas en sus Estatutos, a la ejecución de las acciones contempladas en el apartado 1.

Acompañando el sistema económico, político y social que ha representado este club europeo en la comunidad internacional, el Tratado de Maaestricht constituyó el acuerdo regulador de aquel momento de transformación tan importante que experimentó la UE.

Tratado de Maaestricht, Título I, Disposiciones Comunes:

Artículo 6

1. La Unión se basa en los principios de libertad, democracia, respeto de los derechos humanos y de las libertades fundamentales y el Estado de Derecho, principios que son comunes a los Estados miembros.

2. La Unión respetará los derechos fundamentales tal y como se garantizan en el Convenio Europeo para la Protección de los Derechos Humanos y de las Libertades Fundamentales firmado en Roma el 4 de noviembre de 1950, y tal y como resultan de las tradiciones constitucionales comunes a los Estados miembros como principios generales del Derecho comunitario.

3. La Unión respetará la identidad nacional de sus Estados miembros.

4. La Unión se dotará de los medios necesarios para alcanzar sus objetivos y para llevar a cabo sus políticas.

Artículo 7[5]

---

5. Artículo modificado por el Tratado de Niza.

1. A propuesta motivada de un tercio de los Estados miembros, del Parlamento Europeo o de la Comisión, el Consejo, por mayoría de cuatro quintos de sus miembros y previo dictamen conforme del Parlamento Europeo, podrá constatar la existencia de un riesgo claro de violación grave por parte de un Estado miembro de principios contemplados en el apartado 1 del artículo 6 y dirigirle recomendaciones adecuadas. Antes de proceder a esta constatación, el Consejo oirá al Estado miembro de que se trate y, con arreglo al mismo procedimiento, podrá solicitar a personalidades independientes que presenten en un plazo razonable un informe sobre la situación en dicho Estado miembro.

El Consejo comprobará de manera periódica si los motivos que han llevado a tal constatación siguen siendo válidos.

2. El Consejo, reunido en su formación de Jefes de Estado o de Gobierno, por unanimidad y a propuesta de un tercio de los Estados miembros o de la Comisión y previo dictamen conforme del Parlamento Europeo, podrá constatar la existencia de una violación grave y persistente por parte de un Estado miembro de principios contemplados en el apartado 1 del artículo 6, tras invitar al Gobierno del Estado miembro de que se trate a que presente sus observaciones.

3. Cuando se haya efectuado la constatación contemplada en el apartado 2, el Consejo podrá decidir, por mayoría cualificada, que se suspendan determinados derechos derivados de la aplicación del presente Tratado al Estado miembro de que se trate, incluidos los derechos de voto del representante del gobierno de dicho Estado miembro en el Consejo. Al proceder a dicha suspensión, el Consejo tendrá en cuenta las posibles consecuencias de la misma para los derechos y obligaciones de las personas físicas y jurídicas.

Las obligaciones del Estado miembro de que se trate derivadas del presente Tratado continuarán, en cualquier caso, siendo vinculantes para dicho Estado.

4. [...]

5. [...]

6. A los efectos de los apartados 1 y 2, el Parlamento Europeo decidirá por mayoría de dos tercios de los votos emitidos, que representen la mayoría de los miembros que lo componen.

Tratado de Maaestricht, Título VIII, Disposiciones Finales:

Artículo 49

Cualquier Estado europeo que respete los principios enunciados en el apartado 1 del artículo 6 podrá solicitar el ingreso como miembro en la Unión. Dirigirá su solicitud al Consejo, que se pronunciará por unanimidad después de haber consultado a la Comisión y previo dictamen conforme del Parlamento Europeo, el cual se pronunciará por mayoría absoluta de los miembros que lo componen.

Las condiciones de admisión y las adaptaciones que esta admisión supone en lo relativo a los Tratados sobre los que se funda la Unión serán objeto de un acuerdo entre los Estados miembros y el Estado solicitante. Dicho acuerdo se someterá a la ratificación de todos los Estados contratantes, de conformidad con sus respectivas normas constitucionales.

Como complemento del cuadro legislativo general que posee la UE, la Carta de los Derechos Fundamentales de la UE[6] sintetiza en un solo texto los derechos civiles, políticos, económicos, sociales, culturales, ambientales, etc. por los que trabajan las instituciones creadas a estos fines, al tiempo que refuerza el compromiso comunitario en pos de una sociedad más democrática, igualitaria y tolerante de la diversidad.

---

6. La Carta fue proclamada por el Parlamento, el Consejo y la Comisión Europa en la ciudad de Niza en el año 2000 y enmendada y proclamada por segunda vez en el año 2007 tras la firma del Tratado de Lisboa.

Esta Carta, que como instrumento jurídico no adquirió carácter vinculante hasta su segunda proclamación a través de la firma del Tratado de Lisboa en 2007, resume legislaciones nacionales y convenios internacionales. Subraya la seguridad jurídica como base elemental para sostener el Estado de Derecho, así como para desarrollar la noción de ciudadanía europea.

La Carta Fundamental posee un preámbulo y siete capítulos que reconocen los derechos clásicos y otros recogidos por las legislaciones nacionales más modernas, especialmente derechos de los trabajadores, protección de datos de carácter personal, bioética y derecho a una buena administración. Los capítulos son: dignidad; libertad; igualdad; solidaridad; ciudadanía; justicia y disposiciones generales. Este último capítulo de disposiciones generales vincula la Carta con el Convenio Europeo de DDHH, además de fijar su ámbito de aplicación.

La fuente de la Carta la constituyeron la Declaración Universal de los DDHH (1948), la Convención Europea de DDHH (1950), la Carta Social Europea (1989),[7] sucesivas declaraciones del Parlamento Europeo de DDHH, fallos del Tribunal de Justicia de las Comunidades Europeas y de la Corte Europea de DDHH y la decisión tomada por los más altos mandatarios de los estados miembros en el Consejo Europeo de Colonia (1999).

El antecedente inmediato de la Carta es el Tratado de Ámsterdam de 1997. Introdujo el concepto de ciudadano europeo. Este nuevo estatus de los habitantes de la UE se tradujo en la facultad de gozar de nuevos derechos, entre los que vale destacar el derecho a peticionar ante un Defensor del Pueblo Europeo; a acceder sin restricciones a documentos e información personal; a circular libremente

---

7. Declaración de todos los estados miembros en 1989 denominada Carta de los Derechos Sociales Fundamentales los Trabajadores. Reino Unido fue el único en ratificarla en 1998. Descargado de: http://goo.gl/Nd1iy5 [consulta realizada el 17-05-2010].

sin distinción de nacionalidad; a la no discriminación por razón de la nacionalidad entre ciudadanos de la UE y a la no discriminación por motivos de sexo, origen racial, religión, discapacidad, edad u orientación sexual. Además, dispuso la competencia del Tribunal de Justicia para garantizar la vigencia de los DDHH respecto de las instituciones europeas[8] y retomó la clausula de suspensión (de sus derechos como miembro) para el caso en que algún Estado parte viole los principios fundacionales de la UE, la protección de libertades y derechos fundamentales o el Estado de Derecho.

El Tratado de Lisboa[9] reordenó el acervo comunitario con el propósito de diseñar una Europa más democrática y transparente, más eficaz, de derechos y valores, de igualdad, solidaridad y seguridad, protagonista entre sus socios internacionales (Europa: El portal de la UE).

Señalaba líneas arriba lo vertebral que ha sido, desde el comienzo de la regulación de los DDHH, la elaboración de la Convención Europea de Derechos Humanos (CEDH). Este tratado (firmado en 1950 y ratificado en 1953), por el cual los Estados miembros del Consejo de Europa se comprometen a respetar derechos y libertades fundamentales de mujeres y hombres, recepta en la primer parte[10] de su articulado valores como la dignidad humana (y establece así el derecho a la vida, a la integridad física, la prohibición de la tortura, de la esclavitud y del trabajo forzado); la libertad física, de expresión, de pensamiento, de conciencia, de religión, de reunión y de asociación (fijando límites y procedimientos para el caso en que, conforme al derecho, se recurra a la privación de alguno do de ellos); y la igualdad en todas sus formas, entre nacionales y extranjeros, al recoger principios básicos del derecho penal, como el que reza "no

---

8. Tratado de Ámsterdam, artículo 6.
9. Tratado de Lisboa firmado el 1 de diciembre de 2007. Entró en vigor el 1 de diciembre de 2009.
10. CEDH, Título I, artículos 2 al 18.

hay pena sin ley" y la garantía del debido proceso, así como también rechaza la discriminación por cualquier causa.

Los protocolos adicionales que le sucedieron ampliaron el abanico de derechos recogidos por la CEDH, añadiendo el derecho a la educación, a elecciones libres, a la protección de la propiedad, la abolición de pena de muerte, etc.

En su Título II,[11] la CEDH se dedica al Tribunal Europeo de DDHH creado con el propósito de interpretar y aplicar la CEDH y sus protocolos frente a la presentación de cualquier parte contratante como también de los particulares, de las organizaciones no gubernamentales, de grupo de particulares que se consideren víctimas de violación de alguno de los derechos tutelados en esta Convención por parte de los Estados signatarios. Sus sentencias definitivas poseen fuerza de ley y deben ser ejecutadas por las altas partes contratantes.

Por otra parte, este tribunal posee la facultad de emitir opiniones consultivas a solicitud del Comité de Ministros, al tiempo que el Secretario General del Consejo puede solicitar a los Estados explicaciones sobre la aplicación de la CEDH en su derecho interno.

El Consejo de Europa y la Organización para el Cooperación y el Desarrollo Económico (OCDE) acompañan e incluso sostienen los procesos por los que transita la UE. Si bien son organismos distintos que no deben ser confundidos, forman un tejido institucional que permite el progreso sostenible de la región desde todas sus áreas.

Un nuevo documento que la UE ha sumado a su cuerpo normativo es el Instrumento Europeo para la Democracia y los Derechos Humanos (EIDHR). El presente reglamento establece un instrumento europeo para la democracia y los derechos humanos con el fin de contribuir al desarrollo y a la consolidación de la democracia y del Estado de Dere-

---

11. CEDH, Título II, artículos 19 al 51.

cho así como al respeto de los derechos humanos y de las libertades fundamentales en los terceros países. A fin de conseguir estos objetivos, la ayuda (financiera) comunitaria apoya las siguientes actuaciones:

- la promoción de la democracia participativa y representativa y de los procesos de democratización, a través de las organizaciones sociales (en especial: la promoción de las libertades de asociación, de reunión, de opinión y de expresión; el refuerzo del Estado de Derecho y de la independencia del poder judicial; la promoción del pluralismo político y de la representación política democrática; la igualdad entre hombres y mujeres; la participación igualitaria de hombres y mujeres en la vida social, económica y política; el apoyo a las medidas cuyo objetivo es facilitar la conciliación pacífica de los grupos de intereses);
- la protección de los DDHH y las libertades fundamentales proclamados en la Declaración Universal de los Derechos Humanos y en otros instrumentos internacionales al respecto [Reglamento (CE) Nº 1889/2006].

Ampliación de la UE

Esta comunidad del antiguo continente posee guías que establecen los criterios para la ampliación. Algunas de estas directrices se orientan hacia el camino de la adhesión fijando estándares mínimos que deben alcanzar los aspirantes hasta lograr su membrecía plena. En este sentido, la UE firma protocolos de asociación (en oportunidades de asociación privilegiada), brinda asistencia financiera y humanitaria, fija políticas de buena vecindad y cooperación, activa programas de diversa índole, etc.

En 1993, el Consejo de Europa reunido en la capital danesa de Copenhague estableció una serie de criterios políticos, económicos y democráticos que deben cumplir los países candidatos para ingresar a la UE. Estos principios rectores denominados "criterios de Copenhague" son tres requisitos que buscan consolidar el Estado de Derecho, contribuir al desarrollo económico e incorporar el acervo (legal) comunitario de modo que los nuevos miembros se sumen a este proceso de integración regional sin afectar el funcionamiento de las instituciones. Los candidatos deben contar con:

- instituciones estables que garanticen la democracia, el Estado de Derecho, los DDHH y el respeto y la protección de las minorías (criterio político);

- una economía de mercado viable así como la capacidad de hacer frente a la presión competitiva y a las fuerzas del mercado dentro de la UE (criterio económico);

- la capacidad para asumir las obligaciones impuestas por la adhesión, incluido el apoyo a los objetivos de la UE; han de tener una administración pública capaz de aplicar y administrar, en la práctica, las leyes de la UE (criterio social).[12]

El proceso de las negociaciones comienza sólo si el aspirante cumple, al menos, con el criterio político. Cumplido éste, se fijan estrategias de preadhesión como primera etapa.

El Consejo Europeo de Madrid de 1995 reforzó estas reglas de adhesión y remarcó la relevancia de que los candidatos adapten su legislación interna de acuerdo con el acervo comunitario y de que ajusten sus estructuras administrativas y judiciales de manera que sea

---

12. Las aclaraciones entre signos de paréntesis son propias, no corresponden al texto original.

efectiva la implementación de la legislación comunitaria (Ampliación: portal de la UE).

El Consejo de Europa nuevamente reunido, en esta oportunidad en la ciudad de Helsinki (Finlandia) en diciembre de 1999, con motivo de la preparación para una nueva ampliación, proclamó la Declaración del Milenio. Esta próxima ampliación fue la más grande, ya que en 2004 se incorporaron diez países, lo que significó la reunificación de continente.

Sin duda esta Declaración del Milenio fue importante en términos políticos en cuanto que adelantaba la incorporación de países ex comunistas a mediano plazo así como también auspiciaba reformas institucionales y de la política común en materia de seguridad y defensa. Además, en el punto V sobre las Relaciones Exteriores de la UE, dedicó dos apartados a la promoción de los DDHH y a la protección de las minorías, instando a la Comisión Europea y a los Estados miembros a continuar con el desarrollo de estas políticas y a abrir diálogo con la sociedad civil.[13]

Aplicación y ejercicio de los derechos humanos

El Tratado de la Unión Europea en su artículo segundo enuncia:

> La Unión se fundamenta en los valores de respeto de la dignidad humana, libertad, democracia, igualdad, Estado de Derecho y respeto de los derechos humanos, incluidos los derechos de las personas pertenecientes a minorías. Estos valores son comunes a los Estados miembros en una sociedad caracterizada por el pluralismo, la no discriminación, la tolerancia, la justicia, la solidaridad y la igualdad entre mujeres y hombres.

De este modo se presenta y declara sus principios y valores rectores.

---

13. Consejo Europeo de Helsinki, 1999, Punto V, párrafos 64 y 65.

El primer informe sobre DDHH que la UE presentó data del año 1999. La responsabilidad de asegurar el ejercicio de estos derechos fundamentales y la vigencia de la democracia se encuentra en el corazón de la UE, y los informes que anualmente se elaboran expresan la puesta en práctica de este compromiso y la importancia que posee esta cuestión.

Esta materia de los DDHH atraviesa transversalmente la política comunitaria tanto interna como externa, por ello requiere coherencia en cuanto a su tratamiento. La salvaguarda de los DDHH es responsabilidad de cada Estado miembro de la UE; cada uno de ellos posee las estructuras y los mecanismos institucionales adecuados y, además, ha ratificado la Convención Europea de Derechos Humanos (CEDH).

Para promover la paz social y el bienestar de sus ciudadanos asegurando valores tales como la tolerancia, la dignidad humana y la no discriminación, la UE requiere una permanente actualización en los campos de la justicia, del empleo, de las cuestiones sociales y de la migración. En ese sentido, la UE se ha propuesta eliminar las barreras que pudieran existir con los países vecinos y extender más allá de sus fronteras los beneficios que la integración comunitaria ha brindado. La política de ampliación de la comunidad ha resultado uno de los instrumentos más efectivos en la promoción y la protección de los DDHH en Europa. El ingreso a la UE requiere la previa aceptación del acervo comunitario (cuerpo normativo) y la adecuación doméstica de las instituciones estatales del país candidato a los criterios de Copenhague, es decir, garantizar el Estado de Derecho, los DDHH, el respeto y la protección de las minorías y de la democracia. Consiguientemente, cada año, la Comisión Europea elabora informes de avance de los candidatos y potenciales candidatos, que incluyen un capítulo de los DDHH y que identifican las áreas en las que aún deben realizarse progresos.

La UE trabaja cooperativamente con diversos organismos regionales que desde sus cimientos procuran los mismos principios. El Consejo de Europa (con sede en Estrasburgo, Francia) es el primer organismo del continente europeo que se ha propuesto instaurar un ámbito democrático y legal común que atraviese toda Europa, enarbolando la bandera de los DDHH, la democracia y el Estado de Derecho. El Consejo de Europa a través de su Alto Comisionado para los Derechos Humanos garantiza el pleno ejercicio de estos derechos y fiscaliza, a través de programas y visitas a los países, la plena vigencia de estos valores, manteniendo una comunicación fluida con los dirigentes políticos y las organizaciones de la sociedad civil.

La Organización para la Seguridad y la Cooperación en Europa (OSCE) también posee una activa participación en el resguardo de los estándares democráticos en su rol de observador en las jornadas electorales de los países europeos. La OSCE desarrolla esta tarea a través de la Oficina para las Instituciones Democráticas y los Derechos Humanos (ODIHR, con sede en Varsovia, Polonia), que verifica la transparencia del proceso electoral, la imparcialidad en el uso de los recursos estatales y la igualdad y el equilibrio entre los candidatos en cuanto a la cobertura de los medios de comunicación.

El Parlamento Europeo (PE) es un órgano de activa participación en la defensa de los DDHH, de las libertades fundamentales y de la democracia a lo ancho de toda la Unión y más allá de sus fronteras. El crimen organizado, el terrorismo, la inmigración ilegal, la trata de personas y la explotación sexual encabezan las prioridades de la agenda parlamentaria regional y global, siempre en busca del permanente equilibrio entre la seguridad y la protección de los DDHH.

Además de realizar el seguimiento del estatus de los DDHH en los países vecinos de la UE y de propiciar mecanismos para la consolidación de los valores por los cuales aboga la UE, el Parlamento Europeo mantiene estrecho vínculo con el Consejo de DDHH y con la Asamblea General de las Naciones Unidas en torno a las estrategias que desarrollan para alcanzar el efectivo cumplimiento del Derecho Internacional de los Derechos Humanos y particularmente el plan de actividades que en ese sentido despliegan.

Con el propósito de lograr su misión, el PE abre constantes canales de diálogo en otras latitudes del mundo a través de periódicas reuniones ministeriales. La Asamblea Parlamentaria Euro-Mediterránea (EMPA), la Asamblea Parlamentaria Euro-Latinoamericana (EUROLAT), la Asamblea Parlamentaria Conjunta entre la UE y los países del África, Caribe y Pacífico (ACP-EUJPA), la Asamblea Parlamentaria para los Vecinos de Este de la UE (EURONEST) son los espacios de debate y de oportunidades de mejora que se han dispuesto.

Otro mecanismo altamente efectivo que describe la importancia que tienen los DDHH en la cultura europea consiste en la incorporación de una cláusula alusiva a la materia en todos los acuerdos de asociación con países no miembros que firme la UE. Esta cláusula (implementada en 1995) deja abierta la posibilidad de reconsiderar el acuerdo en el caso que se adviertan violaciones sistemáticas a los DDHH. Actualmente, se encuentran vigentes cuarenta y cinco acuerdos que contienen la cláusula sobre DDHH, entre los que se encuentra el Acuerdo de Asociación de Cotonou entre la UE por una parte y los Estados del África, Caribe y Pacífico por la otra parte (Informe de la acción de la UE 2008/2009, 2010: 25).

Asimismo, la UE emite innumerables declaraciones en las que reafirma sus principios democráticos a los efectos de persuadir y evitar futuras sanciones. Sin embargo, cuando el diálogo no es suficiente para revertir un comportamiento opuesto a los principios y valores que defiende la UE, se aplican medidas sancionatorias tanto a gobiernos, como a entidades no estatales o a individuos; se imponen restricciones financieras, comerciales, de migración, o incluso embargos de armamento, o lo que se considere pertinente.

En el campo de la acción multilateral, y de conformidad con las directrices que surgen del Tratado de la UE,[14] el club europeo destina recursos materiales y humanos a acompañar y sostener las acciones que surgen de las resoluciones aprobadas en la Organización de las Naciones Unidas.

Otro punto de la agenda de la Comisión Europea es la protección de los defensores de los DDHH frente a la constante agresión de los predadores, dentro de las fronteras de la UE como así también en los países vecinos. Algunas de las medidas que se han implementado son la publicación de numerosas declaraciones anuales, la apertura de un canal de diálogo con las autoridades de los países donde se producen estos hechos por intermedio de representantes diplomáticos, la revisión de las estrategias puestas en marcha, la visita a los presos arrestados bajo estas circunstancias y el seguimiento de sus procesos judiciales, la promoción de los derechos económicos y sociales, y el envío de asistencia financiera en el marco del Instrumento Europeo para la Democracia y los Derechos Humanos (EIDHR).

La Política Común de Defensa y Seguridad (CSDP) que lleva adelante la UE tiene presente en sus lineamientos estándares bajo los cuales debe avanzar. Ellos son: los DDHH, las cuestiones de género, las consecuencias que en los niños producen los conflictos armados, el Derecho Internacional Humanitario, los principios democráticos y de buena gobernanza, la transparencia y el Estado de Derecho.

En numerosas operaciones de administración de crisis llevadas a cabo en los Estados miembro como así también en terceros países (Kosovo, Congo, Afganistán), los linea-

---

14. "Propiciará soluciones multilaterales a los problemas comunes, en particular en el marco de las Naciones Unidas". Tratado de la Unión Europea, artículo 21.1, enmendado por el Tratado de Lisboa. Descargado de: http://goo.gl/28gMKy [consulta realizada el 26-10-2011].

mientos bajo los cuales se ha trazado la CSDP han permanecido vigentes guiando las misiones europeas.

Con el propósito de mantener presente en la opinión pública la cuestión de los DDHH, la UE realiza continuamente declaraciones que ponen de manifiesto las situaciones que aún alertan a la comunidad, pero que también resaltan los logros obtenidos.

Directrices de la Unión Europea sobre derechos humanos

La política de DDHH de la UE se encuentra construida sobre la base de ocho directrices vertebrales que refuerzan la coherencia y la consistencia de esta cuestión entre los puntos prioritarios de la agenda del Comisión de la UE. Estas pautas aún no son legalmente vinculantes, pero fueron adoptadas por unanimidad y por lo tanto representan una significativa herramienta que en la práctica cotidiana los defensores de los DDHH poseen en sus manos.

Las directrices se concentran en los siguientes asuntos:

- pena de muerte
- tortura y otros tratos o penas crueles, inhumanos o degradantes
- diálogos sobre DDHH
- niños y conflictos armados
- defensores de DDHH
- violencia contra mujeres y niñas, y lucha contra todo tipo de discriminación contra ellas
- promoción del cumplimiento del Derecho Internacional Humanitario

Respecto a la lucha contra la pena de muerte en el mundo, la UE es pionera en su rol de actor institucional, al generar instancias diplomáticas que faciliten la acción cooperativa de los países hasta alcanzar la abolición de la pena de muerte en cada rincón del globo. Esta cruel sanción representa un profundo menoscabo del principio de justicia, atropella la dignidad humana y la integridad física de las personas y se contrapone a cualquier sistema jurídico democrático. La UE, por intermedio de sus delegaciones en los cinco continentes, se esfuerza en multiplicar la actual tendencia hacia la abolición e insta a todos los Estados a ratificar el Segundo Protocolo Facultativo del Pacto Internacional de Derechos Civiles y Políticos, destinado a abolir la pena de muerte.[15]

En relación con la tortura y otros tratos o penas crueles, inhumanos o degradantes, la UE sostiene su postura de repudio en todos los foros internacionales y resalta la responsabilidad profesional de los médicos y del personal sanitario en la protección de los detenidos y los prisioneros de guerra. También repudia cualquier acción que legitime, legalice o autorice la tortura y el mal trato en cualquiera de sus formas.

Los delitos de lesa humanidad, como genocidios, crímenes de guerra, tortura, etc., motivan el trabajo conjunto de la UE con la Corte Penal Internacional (CPI) en la lucha común contra la impunidad, el restablecimiento de la paz, la justicia internacional y el Estado de Derecho. La UE impulsa activamente entre sus miembros la ratificación del Estatuto de Roma y promueve la acción cooperativa de ellos con los Estados parte de la CPI. La Red Europea de Puntos de Contacto Nacional (*European Network of National Contact Points*) es la agencia creada para ser interlocutora entre los Estados miembro a los efectos del intercambio de toda información relativa a violaciones del derecho internacional y a responsables de crímenes contra la humanidad, de genocidios y de crímenes de guerra.

Las directrices de la UE en materia de los DDHH en la niñez toman como base de su plan de acción, en la esfera

---

15. Aprobado y proclamado por la Asamblea General de la ONU en su resolución 44/128 15 de diciembre de 1989. Descargado de: http://goo.gl/ZEio-Mg [consulta realizada el 28-10-2011].

doméstica y exterior, la puesta en práctica de la Convención sobre los Derechos del Niño de la ONU y sus protocolos facultativos, de común acuerdo con las actividades propuestas y llevadas a cabo por UNICEF (Fondo de Naciones Unidas para la Infancia). Dos cuestiones alertan de singular manera: el trabajo infantil y las secuelas de los conflictos armados en los niños.

Respaldar y acompañar a los defensores de los DDHH frente a la amenaza de sus depredadores se suma a las pautas que guían la agenda de los derechos y las libertades fundamentales en la UE. Los informes de las delegaciones y las embajadas de la UE así como de las subcomisiones conjuntas con la ONU y de las ONG son alarmantes. Con el paso del tiempo la situación se vuelve más crítica. Cada vez son más usuales las persecuciones políticas y las condenas públicas por el trabajo de los defensores, sus oficinas son clausuradas, los arrestos arbitrarios se multiplican sin el debido proceso, los juicios carecen de justicia, se aprueba legislación que amenaza el trabajo de las ONG, se cercena la libertad de prensa, de expresión y de información, y para ello la tecnología resulta la herramienta más eficaz. La ayuda a los defensores consiste en patrocinio jurídico gratuito, gestión política de los diplomáticos, custodia personal, asistencia médica, asilo político, etc. (RSF, Informe Anual/2008).

La lucha por la libertad de expresión también es una bandera que levantan los Estados europeos. Este derecho involucra la libertad de opinión y la libertad de buscar, recibir y suministrar información a través de los medios de comunicación e Internet. La libertad de expresión y de opinión se encuentra recogida en el Pacto Internacional de Derechos Civiles y Políticos (ICCPR):

Artículo 19

1. Nadie podrá ser molestado a causa de sus opiniones.

2. Toda persona tiene derecho a la libertad de expresión; este derecho comprende la libertad de buscar, recibir y difundir informaciones e ideas de toda índole, sin consideración de fronteras, ya sea oralmente, por escrito o en forma impresa o artística, o por cualquier otro procedimiento de su elección.

3. El ejercicio del derecho previsto en el párrafo 2 de este artículo entraña deberes y responsabilidades especiales. Por consiguiente, puede estar sujeto a ciertas restricciones, que deberán, sin embargo, estar expresamente fijadas por la ley y ser necesarias para:

a) Asegurar el respeto a los derechos o a la reputación de los demás;

b) La protección de la seguridad nacional, el orden público o la salud o la moral públicas.

Como bien indica la norma, el pleno ejercicio de este derecho acarrea deberes y responsabilidades que lo limitan asegurando los derechos y libertades de otros. Por ello, si bien Internet y los medios de comunicación son las vías más ágiles y masivas, requieren de la aplicación de un control y de una regulación adecuada que tienda a la neutralidad de la red y evite abusos y arbitrariedades (Dawn, 2011: 40-41).

Con la libertad de expresión se encuentra estrechamente vinculada la libertad de pensamiento, de conciencia y de religión. Los foros de la ONU y de la OSCE son los ámbitos en los que la UE levanta su voz contra la intolerancia y discriminación por motivos de credo o de conciencia. La tolerancia religiosa y el entendimiento intercultural integran la noción de respeto y protegen los DDHH, por ello la UE propicia encuentros que estimulen la diversidad cultural. La ASEM (Asia-Europe Meeting) es ejemplo de ello. Desde el año 2005 se realizan estas mesas de debate entre ambos continentes, que procuran erradicar la xenofobia, el racismo y la discriminación de los pueblos. El EIDHR es el instrumento que facilita esta tarea. Hay también organizaciones hermanas de la región, como la Comisión Europea contra el Racismo y la Intolerancia (ECRI).

La lucha contra la discriminación y la violencia de género cada año ocupa un lugar más importante en la discusión. Diversos foros y reuniones ministeriales se detienen a analizar esta cuestión en el intento de fortalecer la conciencia pública respecto del rol relevante que posee la mujer en la sociedad civil y política, como instrumento de construcción de paz social, y cuyo lugar debe asumir para garantizar efectivamente el principio de igualdad. Al amparo de la Convención sobre la Eliminación de todas las Formas de Discriminación contra la Mujer (CEDAW) y su protocolo facultativo y a través de los recursos financieros proporcionados por intermedio de EIDHR, la UE ha respaldado numerosas actividades de organizaciones de la sociedad civil en ochenta y ocho países no miembros del club.

La intolerancia toma distintos matices. Las minorías se encuentran en un estado de absoluta vulnerabilidad, acechadas por la discriminación y la xenofobia en los diversos aspectos de sus vidas: ya sea lo económico, lo político, lo social o lo cultural en función de la sociedad o la región en la que estén insertos. Las causas suelen radicar en el origen nacional, étnico o religioso. En este punto, el instrumento legal internacional de mayor alcance es la Declaración sobre los derechos de las personas pertenecientes a minorías nacionales o étnicas, religiosas y lingüísticas. A nivel regional, el Consejo Europeo ha adoptado el Estatuto Europeo para Lenguas regionales o minoritarias y el Convenio Marco para la Protección de las Minorías Nacionales. A través del financiamiento del EIDHR, se han instrumentado numerosos programas que promueven la protección de los derechos de las personas pertenecientes a minorías, resaltando la inclusión fundamentalmente por intermedio del acceso a la educación como derecho esencial.

2

Los derechos humanos en la República de Turquía

A pesar de la reforma política iniciada por Turquía a instancias del Acuerdo Marco de Negociación de la UE (2005), los índices de violaciones a los DDHH en el país siguen muy elevados. El ataque incesante a las libertades de información y de opinión junto a la censura a la prensa en general, sumado al hostigamiento sistemático a las minorías son elementos que sobresalen en todos los informes de observadores extranjeros y de relatores. Las represalias a los periodistas y a los defensores de los DDHH no descansan, y la represión a la población kurda, con la cual se implementa una política de premios y de castigos, no alcanza para resolver las demandas actuales de este pueblo que aspira a modificar el énfasis sobre el componente étnico turco de los kurdos en la futura reforma constitucional, a remover las prohibiciones a ejercer sus derechos políticos y culturales, y a ampliar la autonomía administrativa en las zonas gobernadas por los kurdos (Barkey y Kadioglu, 2011).

El creciente rechazo de la población turca por la demora al ingreso de su país en la UE y la cuasi parálisis en los avances en cumplimentar los criterios económicos y políticos requeridos preocupan enormemente a las autoridades turcas que en este modo se ven impedidas de presionar a Bruselas en una cuestión de suma importancia para el país, a pesar de las reiteradas amenazas del premier turco a los líderes europeos, en particular a Alemania y a Francia, de que su país desistirá de continuar con el proceso de adhesión.

En el plano internacional, Turquía ha cometido graves faltas que no han pasado desapercibidas ante la comunidad internacional, como son los estrechos vínculos con el presidente de Sudan, Omar Al Bashir, a quien Erdogan defendió públicamente en Ankara en el mismo momento en que éste era requerido por la Corte Penal Internacional por ejecutar el genocidio en Darfur (*ADN*, 2009, noviembre). Y si se trata de las relaciones de amistad y diplomáticas del Primer Ministro turco, vale resaltar que en el año 2010 recibió de manos de Muammar el Gadaffi[1] el Premio Internacional Al Gadaffi a los Derechos Humanos (*ABC*, 2010, noviembre).

Contexto político

El período de tiempo que abarca el presente estudio (1998-2010) es tal vez una de las etapas más dinámicas y reveladoras de las características que han signado la política turca desde la creación de la República en 1923.

Política interior

Desde el acceso al poder del partido islamista AKP[2] (Partido de la Justicia y Desarrollo) en 2002 hasta la fecha, se han producido una serie de cambios y transformaciones en la política interna del país que han terminado configurando un cuadro donde nada será igual a la etapa anterior. También es visible el sensible crecimiento de la presencia internacional y de la incidencia de Turquía en el ámbito regional e internacional.

La transformación del líder del AKP, el Primer Ministro Recep Tayyip Erdogan,[3] quien pasó de su etapa de alcalde de Estambul cuando pregonaba que transformaría los minaretes de las mezquitas turcas en puntas de bayonetas

---

1. Líder de facto de la República Árabe de Libia entre los años 1969 y 2011.
2. Por sus siglas en turco Adalet ve Kalkinma Partisi: AKP.
3. Primer Ministro de la República de Turquía desde 2003.

repitiendo en su discurso: "las mezquitas son nuestros cuarteles, los minaretes nuestras bayonetas, las cúpulas nuestras cascos y los creyentes nuestros soldados" (*El Mundo*, 2004), al político que intenta liderar el mundo islámico y convertirse en el interlocutor privilegiado de Occidente, ha tenido su correlato en el propio partido de gobierno que viró de un islamismo radical y agresivo a posiciones más moderadas dentro de una agenda islámica preconcebida cuyo alcance y profundidad es materia de discusión.

La disputa entre seculares e islamistas sobre si Turquía debe seguir siendo una república laica o islámica atraviesa la política turca de los últimos años. Los significativos triunfos electorales de los islamistas frente al partido símbolo de la laicidad, el CHP[4] (Partido Republicano del Pueblo), más la disminución de la injerencia de los militares en la vida política a partir del descabezamiento de diferentes cúpulas de las fuerzas armadas acusadas de complotar contra las autoridades constitucionales, y su consecuente pérdida de influencia en el Consejo Nacional de Seguridad han permitido un notable avance de los islamistas en la vida institucional del país.

En este ámbito el mayor cambio anhelado por las autoridades turcas es la redacción de una nueva Constitución que remplace a la vigente, impuesta por los militares en 1982. Es interesante destacar en este punto que, en el historial de la República, las cuatro constituciones que tuvo Turquía (1921, 1924, 1961 y 1982) fueron concebidas en circunstancias extraordinarias y bajo regímenes autoritarios (Barkey y Kadioglu, 2011).

El fervor islamista del gobierno que en algún punto adquiere características populistas le ha servido para aprovechar al máximo los cambios que se han ido produciendo en los países de la región, todo esto sostenido en el notable crecimiento de la economía turca que ha fortalecido su

---

4. Por sus siglas en turco Cumhuriyet Halk Partisi: CHP.

mercado interno y ha diversificado y multiplicado varias veces sus inversiones en el extranjero.[5]

La Constitución Nacional y su tradición autoritaria

Turquía ha tenido cuatro textos constitucionales, todos ellos promulgados bajo regímenes autoritarios. El primer documento corresponde a 1921, fue escrito al finalizar la Primera Guerra Mundial y pretendió incluir a todos sus habitantes frente a la amenaza de los Aliados vencedores. En 1924 se produjo una nueva redacción del puño y letra de Kemal Ataturk, quien en el marco de la construcción de la moderna Turquía suprimió el tímido espíritu integrador y el trato igualitario para todos los ciudadanos, que aún hoy los kurdos reivindican de la versión de 1921. La Carta Magna de 1924 se convirtió en el instrumento que habilitó los canales de concentración del poder en Ankara y la homogenización cultural, religiosa y étnica de su población, para lo cual las minorías debieron sufrir la supresión de todos sus derechos civiles y políticos. La Carta Fundamental de 1961 profundizó el legado autoritario y represivo de Ataturk, revitalizó la figura del Ejército institucionalizando y la participación política de las fuerzas armadas con la creación de un Consejo de Seguridad Nacional y fortaleció la interpretación intransigente de la noción de identidad turca y la masificación del secularismo, restringiendo todas las libertades individuales. El golpe de estado encabezado por el general Kenan Evren, el 12 de septiembre de 1980, perpetuó

---

5. La economía turca, luego de atravesar en los años 2001-2002 la más seria de sus cíclicas crisis, con una caída del 6% en su PBI, el colapso de la lira y el *crack* de su sistema bancario, ha tenido una considerable recuperación con un crecimiento promedio del 6% en su economía durante el período 2002-2006. La reducción de su inflación del 75% en los años noventa al 9% en la actualidad le ha permitido emerger como una de las economías más sólidas de la década y transformarse en la mayor economía del mundo islámico. *The Economist*, 2010, *Special report on Turkey. Anchors aweigh*, octubre, 21. Descargado de: http://goo.gl/SR4kGi [consulta realizada el 20-9-2011].

el régimen militar en el gobierno. Con la promulgación de un nuevo texto constitucional en 1982 se buscó mantener las reformas introducidas por el padre de la moderna república y controlar las libertades de expresión, la organización y la actividad de los partidos políticos. El abanico legislativo que se desprendió del texto madre se dirigió en el mismo sentido al limitar la autonomía de las provincias del interior e interferir en la educación, en los medios de comunicación, en las organizaciones civiles, etc.

Elecciones 2002 y la llegada al poder del Partido de la Justicia y Desarrollo (AKP)

Las elecciones del 3 de noviembre de 2002 en Turquía significaron un giro total del sistema político del país experimentado hasta esa fecha. Desde 1946, era la primera vez que la primera magistratura era ejercida por un único partido sin formar coaliciones de gobierno y que la Gran Asamblea Nacional turca quedaba configurada en base a dos partidos. El AKP consiguió el 34,2% de los votos, lo cual le otorgó 363 bancas, y el CHP,[6] único partido opositor, logró el 19,3% de los votos, es decir 178 diputados. De este modo, el 45% de los electores se encontró sin representación directa en la Asamblea.

En estas elecciones sólo nueve candidatos independientes lograron acceder al Parlamento mientras que los otros dieciséis partidos que concurrieron a los comicios quedaron fuera al no lograr el 10% de los votos necesarios para acceder al Congreso. Los partidos que durante la década de 1990 habían formado parte fundamental del juego parlamentario, como el partido de centro-izquierda

---

6. El CHP es heredero del partido de Kemal Ataturk. Fundado en 1923 y vuelto ilegal tras el golpe de Estado de 1980, volvió a formarse en 1992 al fusionarse con otro partido socialdemócrata en 1995. La postura del partido entronca con la vocación de Ataturk de insertarse dentro del mundo europeo.

Partido de Izquierda Democrática (DSP),[7] los partidos de centro-derecha, como el Partido del Camino de la Verdad (DYP)[8] y el Partido de la Madre Patria (ANAP),[9] así como el partido ultranacionalista Partido de Acción Nacionalista (MHP)[10] y el partido de tendencia islamista Partido de la Felicidad (SP)[11] no lograron ninguna banca. El partido pro-kurdo Partido Democrático del Pueblo (DEHAP), que había formado parte de una coalición con HADEP-EMEP-SDP, tampoco accedió al Parlamento a pesar de que obtuvo un número considerable de votos en el sudeste del país.

El partido de Tayyip Erdogan, AKP, surgió en agosto de 2001 de una fracción del Partido de la Virtud (FP).[12] El FP, al igual que sus antecesores partidos islamistas liderados por Necmettin Erbakan, había sido sucesivamente ilegalizado por atentar contra el orden laico, pilar fundamental de la república turca. El Partido de Orden Nacional (MNP)[13] y el Partido de Salvación Nacional (MSP)[14] participaron en la arena política muy activamente en la década de 1970.

Es preciso hacer un poco de historia reciente. Tras el golpe militar de septiembre de 1980, la inestabilidad política se desencadenó y a finales de la década se volvió insostenible la situación, entonces el ANAP colapsó por corrupción. Seguidamente, las elecciones 1995 condujeron a una coalición de gobierno efímera entre el ANAP y el DYP. Este último entonces dio un giro y se alió con el Partido del Bienestar (RP),[15] encabezado por Necmettin Erbakan, antiguo líder islamista del MSP, lo que posibilitó que Erba-

---

7. Por sus siglas en turco Demokrat Sol Partisi: DSP.
8. Por sus siglas en turco Dogru Yol Partisi: DYP.
9. Por sus siglas en turco Anavatan Partisi: ANAP.
10. Por sus siglas en turco Milliyetci Hareket Partisi: MHP.
11. Por sus siglas en turco Saadet Partisi: SP.
12. Por sus siglas en turco Fazilet Partisi: FP.
13. Por sus siglas en turco Milli Nizam Partisi: MNP.
14. Por sus siglas en turco Milli Selamet Partisi: MSP.
15. Por sus siglas en turco Refah Partisi: RP.

kan entrara en el ejecutivo nacional con una coalición de gobierno desde 1996 hasta 1997. En 1998, en un pseudogolpe de estado (o golpe de estado "posmoderno", ya los militares no llegaron a levantarse en armas), el Ejército, guardián a ultranza del laicismo instaurado en la República turca por Atatürk, juzgó peligrosas para la naturaleza secular de Turquía la política de gobierno de Erbakan y le envió un ultimátum para que dimita, lo cual hizo. Así, a partir de febrero de 1998, el Refah (RP) fue ilegalizado y sus principales líderes proscritos. Nuevamente, y tras las elecciones efectuadas en 1999, un nuevo gobierno se formó con la coalición gubernamental compuesta por el ANAP y el DSP, apoyada por el CHP.

El Partido de la Virtud, sucesor del Refah, fue ilegalizado en junio del 2001. De éste surgieron dos ramas: el Partido de la Felicidad (SP),[16] liderado por la vieja guardia, y el partido de Tayyip Erdogan y Abdullah Gul, el AKP, que supuso la renovación generacional. El nuevo partido AKP trató desde el comienzo de mostrar una imagen moderada y de evitar cualquier remisión al Islam que pudiera ser malinterpretada. Así el partido se alejó del FP y se autodefinió conservador pero no islamista, lo que lo situó a la par de los partidos demócrata-cristianos en Europa.

La llegada al poder del AKP coincide con un momento crucial de las relaciones entre Turquía y la UE. La aceptación de Turquía como país candidato a la adhesión en la Cumbre de Helsinki (1999) supuso el comienzo de una nueva etapa entre Bruselas y Ankara y desde luego un nuevo marco de desafíos y de propuestas para la política turca, que debía responder a los criterios políticos y económicos de la UE como requisito previo e ineludible para el comienzo de las negociaciones. Al plan de criterios propuesto para el caso turco, como lo hace la UE con cada uno de los países candidatos, la coalición gubernamental surgida

---

16. Por sus siglas en turco Saadet Partisi: SP.

de las elecciones de 1999 respondió con un Programa de Acción Nacional presentado oficialmente el 19 de marzo de 2001. En materia legislativa se llevaron a cabo reformas relacionadas con cambios exigidos por Bruselas. Entre los cambios aprobados antes de las elecciones que le dieron el triunfo al AKP se encontraron dos cuestiones claves del debate político: la legalización de emisiones en kurdo en radio y en televisión, así como la posibilidad de enseñarlo en centros privados con supervisión oficial, y la supresión de la pena de muerte.

La coalición gobernante en 1999, aún con dilaciones y dificultades en alcanzar acuerdos internos, dio grandes pasos destinados a promover la candidatura turca en la Cumbre de Copenhague del 2002.

Las elecciones de noviembre de 2002 dejaron al AKP el importante desafío de promover la adhesión de Turquía a la UE dejando atrás el legado islamista liderado por Necemttin Erbakan, quien reiteradamente se pronunció antioccidental pero que con el tiempo debió flexibilizar la postura. En cambio, el partido de Erdogan y de Gul apostó desde el inicio de su mandato por la carta europea. Y para demostrar su espíritu renovador y sus aspiraciones a ubicarse a la altura de las democracias modernas de Europa, inmediatamente atacó al *establishment* cívico-militar y recortó prerrogativas de las Fuerzas Armadas, hasta el extremo de enjuiciar a los generales en los tribunales civiles.

Análisis

Características de la identidad turca

A los efectos de describir características de la República de Turquía como actor en el ámbito de las relaciones internacionales, tomo las nociones teóricas de fuerzas profundas y de fuerzas organizadas, concebidas para Rusia, por resultar también útiles a la aplicación del caso turco.

Las fuerzas profundas son rasgos que, por su persistencia en prolongados períodos de tiempo, pueden ser considerados como elementos que contribuyen a modelar la identidad de una nación. En el caso de Turquía, estas fuerzas profundas son el mesianismo, el excepcionalismo, el externalismo, el territorialismo y el peso del Estado. También coexisten fuerzas organizadas que, rescatando y realzando los elementos culturales e identitarios turcos, gravitan en el debate de la política exterior.

Las fuerzas profundas son, entonces, elementos constitutivos de la identidad de una nación; se trata de rasgos persistentes de la identidad de un país a lo largo de su historia. Las fuerzas organizadas, en cambio, son las agencias, los actores estatales, las burocracias. "Las relaciones recíprocas entre ambas fuerzas constituyen el punto esencial de cualquier estudio político interno, pero también, de cualquier estudio sobre relaciones internacionales" (Zubelzú, 2007: 103).

Con la creación de la República de Turquía a comienzos del siglo XX y el establecimiento constitucional del carácter laico del Estado comenzaron a desarrollar formas seculares de mesianismo sustentadas en su origen otomano y en su historia imperial. El mesianismo religioso que aún se respira por las calles de Ankara o el mesianismo secular impuesto por Kemal Ataturk, su ubicación geográfica entre dos continentes –Asia y Europa–, los índices demográficos en gran crecimiento y la pauta de colocar en el "otro" las responsabilidades de sus fracasos o de las situaciones adversas describen a Turquía como un actor de poder negociador importante en su región.

El mesianismo supone la convicción de actuar en pos de convertir al otro. Este comportamiento puede poseer elementos de origen religioso pero también secular. Actualmente, la mirada oficial de Turquía se expresa con los ojos de un mesianismo laico, sin embargo el componente religioso que proviene de su fe islámica se percibe entre la ciudadanía y la dirigencia del país (Kardas, 2011).

El excepcionalismo se encuentra íntimamente vinculado con los conceptos de mesianismo y externalismo, los cuales comparten la creencia de poseer un patrimonio cualitativamente distinto y superior al de los otros pueblos y países. Subyace un espíritu de superioridad como pueblo elegido.

El externalismo, de acuerdo con la lógica del excepcionalismo, cuentan con el monopolio de la verdad, de la fe religiosa o de la superioridad moral: las causas de todas las dificultades y la decadencia se encuentran en el otro.

Su ubicación geográfica es inmejorable: en términos geopolíticos limita al este con Asia y al oeste con Europa, y tiene acceso a cuatro mares (el Mediterráneo, el Egeo, el Mármara y el Negro).

La presencia del Estado en la vida turca es fuerte y el sistema político se encuentra sesgado por una gran acumulación de poder en la figura del Poder Ejecutivo. Al apartarse del espíritu republicano de división de poderes constitucionalmente adoptado en el año 1923, los Poderes Legislativo y Judicial se manifiestan acompañando las políticas ejecutadas por el Presidente (Abdullah Gul) y su Primer Ministro (Recep Tayyip Erdogan). Por su parte, el Ejército actualmente se encuentra desplazado del rol protagonista que ejerció como fuerza organizada vertebral del sistema.

En definitiva, se trata de establecer cuál es el grado de poder que debe ejercer uno de los poderes del Estado –Ejecutivo– frente a los otros poderes republicanos –Legislativo y Judicial– y a la sociedad civil, si se considera la innumerable cantidad de denuncias que se presentan por violaciones a la libertad en todas sus formas, principalmente a la libertad de expresión, de prensa, de culto, de información.

La puja entre la ancestral identidad religiosa musulmana y la secularización del Estado desde la creación de la actual república abre el debate doméstico turco. ¿Se acepta o se niega la pertenencia europea? No sólo el *hiyab* es el elemento que representa la división interna entre el pueblo turco; la alternativa de una identidad occidental también genera temores e inseguridad.

Los derechos humanos: estado de situación

Los defensores de los DDHH en Turquía alertan en sus informes la preocupante situación de estos derechos fundamentales en el país. Resaltan la crítica problemática agrupando las violaciones por temática. En el campo de los DDHH: la tutela militar, el estancamiento del conflicto kurdo, la libertad de expresión, la libertad de religión y de conciencia, los derechos de las minorías, la tortura y el derecho a la vida. En términos de democracia: el régimen de los partidos políticos, las leyes electorales y la legislación interna para la administración pública (HRW, 2008).

Las minorías, la libertad de religión y de conciencia

Turquía alberga una población de abundante diversidad étnica, religiosa y cultural. Históricamente la región ha sido poblada no sólo por turcos, kurdos, armenios, alevis y asirios, sino también por griegos, gitanos, judíos, lazes y caferis. Sin embargo, sistemáticamente se ha resistido a integrar a estas minorías a través de la implementación de un represivo y violento régimen de sometimiento en nombre del nacionalismo.

La república de Turquía, pese a que es signataria del Tratado de Lausana (1923), aún hoy persiste en su política de persecución y de hostigamiento a las minorías.

La terrible situación de menoscabo y de avasallamiento a los derechos y a las libertades fundamentales por la que atraviesa el pueblo kurdo resulta ejemplificadora del estado de vulnerabilidad constante al que se enfrenta un habitante de Turquía, algo que se contrapone al frágil discurso político de respeto de los DDHH que Ankara busca imponer en Bruselas.

La cuestión kurda es un conflicto enraizado al sur del Cáucaso, región en la que desde el año 1923[17] se encuentran delimitadas las fronteras de la República de Turquía. Se trata de una disputa de origen estrictamente político aunque se le pretenda asignar connotaciones étnicas o de seguridad nacional, por la intensa actividad del Partido de los Trabajadores de Kurdistaán (PKK)[18] en la lucha por la defensa de los derechos del pueblo kurdo. El PKK es considerado una organización terrorista tanto por Turquía como por la UE y por los Estados Unidos.

El pueblo kurdo, la minoría más numerosa en Turquía,[19] luego del golpe de estado de 1982 no tardó en enfrentar a las autoridades y el conflicto recrudeció desde entonces. Tres son las peticiones fundamentales que reclaman y que serían el comienzo de la solución de la cuestión kurda: 1) la redefinición de la noción de ciudadano, para que acepte a una etnia distinta a la turca; 2) el respeto a la libertad de expresión en idioma kurdo tanto en el ámbito político y cultural como también a través de la enseñanza escolar y de la radiodifusión; 3) la descentralización del sistema político-administrativo (Barkey y Kadioglu, 2011).

La actual Constitución Nacional turca restringe ya desde su preámbulo los derechos fundamentales de los kurdos y de otras minorías, al establecer una única identidad étnico-cultural, la turca, y en sus primeros artículos instituye el turco como idioma oficial, un único himno y el carácter secular del Estado. Por su parte, continuando el legado de Ataturk, el artículo 24 establece el carácter secular del Estado, lo que restringe el culto musulmán de todo ámbito público, incluidas las oficinas estatales, las instituciones y

---

17. Tratado de Lausana.
18. Por sus siglas en kurdo Partiya Karkerên Kurdistan: PKK.
19. La minoría kurda representa el 30% de la población total en Turquía, es decir, entre 12 y 20 millones de habitantes (la cifra no es precisa dado que a la fecha ningún censo recoge el dato del origen étnico o religioso de los individuos) (HRW, 2010, nov, 1-56432-708-6).

las universidades. En la búsqueda de la asimilación de ésta y de todas las minorías que habitan el suelo de Turquía, la ciudadanía –turca– de la población es taxativamente fijada en el artículo 66, lo cual también atenta contra los derechos civiles. El respeto de los derechos culturales y políticos que defienden los kurdos entraña el respeto a la dignidad humana y permite la identificación y el uso de los elementos propios que mantienen la cultura y las tradiciones kurdas como así también la participación política de sus representantes legítimamente elegidos por el pueblo. El artículo 42 de la Constitución prohíbe la enseñanza de cualquier otro idioma que no sea el turco como lengua materna en las escuelas. La discriminación alcanza el campo de los derechos políticos, ya que los partidos políticos deben superar el 10% de los sufragios para ingresar a la Gran Asamblea Nacional Turca, de manera que decenas de generaciones han sido privadas de poseer participación y representación política.

El Código Penal Turco articulado con la jurisprudencia y las recientemente (2005) incorporadas leyes antiterroristas se han prestado al servicio de la persecución y del enjuiciamiento de manifestantes civiles que, ejerciendo el legítimo derecho a asamblea, asociación y libertad de expresión, han sido arrestados y encarcelados por hasta quince años de prisión por haber participado de protestas que el Gobierno considera partidarias del PKK. Estas normas no alcanzan los estándares mínimos del Derecho Internacional de los DDHH ni se encuentran bajo el paraguas del Estado de Derecho al mismo tiempo que quiebran el principio de legalidad al poseer una redacción ambigua y general.

Es decir, el extenso articulado represivo de la Constitución y todas las leyes que la instrumentan precisan de una urgente revisión y reforma que permita respetar y garantizar los DDHH de los turcos y de cualquier ser humano que habite esas tierras sin discriminar ni excluir, integrando a las minorías hasta alcanzar una solución pacífica de la cuestión kurda, armenia, greco-chipriota, etc.

No bastan declaraciones mediáticas que sólo aspiran a satisfacer las necesidades políticas del momento, como lo fue el reciente anuncio de devolución de los bienes confiscados por el Estado después de 1936, que poco ha impactado en estos colectivos dado que la mayor cantidad de bienes retenidos a armenios, a griegos y a asirios ha sido antes de ese año (Sassounian, 2011).

Libertades de expresión y de asociación

La reforma realizada el 30 de abril de 2008 al artículo 301 del Código Penal no representa un cambio profundo en la esencia de la norma, sino apenas una modificación terminológica que maquilla la legislación a los ojos de la UE y demuestra que las violaciones en este campo no sólo continúan sino que aumentan año tras año. Reporteros Sin Fronteras sostiene que el alcance limitado que representa el cambio parcial del texto demuestra que

> el artículo 301 no es más que un elemento de todo el arsenal legislativo que restringe la libertad de expresión en Turquía. Existen otros textos que castigan los atentados a los intereses nacionales fundamentales (art. 305), la incitación al odio, a la hostilidad y a la humillación (art. 216), el atentado a la memoria de Ataturk (Ley 5.816 del 25 de julio de 1951) o también el hecho de incitar a que la población haga objeción del servicio militar (art. 318) (RSF, 2008, mayo).

El artículo 301, que trata del agravio a la identidad nacional turca, a la república y a los fundamentos y a las instituciones del Estado, se incorporó al Código con las reformas legislativas de junio de 2005, reemplazando al artículo 159 del Código Penal anterior. El artículo 301 establecía:

> 1. El agravio público a la identidad nacional turca, a la República o a la Gran Asamblea Nacional de Turquía se castigará con pena de prisión de seis meses a tres años.

2. El agravio público al gobierno de la República de Turquía, a las instituciones judiciales del Estado, a las fuerzas armadas o a las estructuras de seguridad se castigará con pena de prisión de seis meses a dos años.

3. En los casos en que el agravio a la identidad nacional turca lo cometa un ciudadano turco en un país extranjero, la pena se aumentará en un tercio.

4. La expresión de pensamientos cuyo fin sea la crítica no constituirá delito.

La modificación, exigida por el grupo de los 27, sustituye el concepto de "identidad turca" por el de "nación turca" y el de "República" por el de "Estado de la República de Turquía". Además, reduce las penas máximas de cárcel de tres a dos años, lo que implica una disminución en el grado del delito que permitiría que los condenados por este artículo sin antecedentes penales evitaran la cárcel. También elimina el agravante de haber proferido el "insulto" en un país extranjero. Por último, es necesario el permiso del Ministerio de Justicia para comenzar un proceso contra una persona acusada de haber violado el artículo 301.

Esta norma amenaza directamente la libertad de expresión de defensores de los derechos humanos, de periodistas, de escritores y de otros miembros de la sociedad civil que expresan pacíficamente sus opiniones discrepantes. Este derecho fundamental del hombre se encuentra consagrado en el artículo 19 del Pacto Internacional de Derechos Civiles y Políticos y en el artículo 10 del Convenio Europeo para la Protección de los Derechos Humanos y de las Libertades Fundamentales. Turquía es Estado parte en ambos tratados y por lo tanto el gobierno tiene la obligación legal y el compromiso internacional de defender esta libertad.

La división de poderes es frágil. El Poder Judicial aún no dictamina con imparcialidad, por el contrario la conjunción con las nuevas leyes antiterroristas aprobadas permiten acusar y sentenciar a libres participantes de manifestaciones con el cargo de pertenecer a agrupaciones terroristas ilegales. La policía hace un uso abusivo y autoritario de su poder, recurre a la violencia y a la represión para detener a los manifestantes críticos de la gestión del gobierno actual.[20] Asimismo, se prohíben partidos políticos y asociaciones (HRW, 2010, noviembre, 1).

Las amenazas y las represalias a periodistas y a defensores de los DDHH son incesantes. Numerosos periodistas con sentencias de tribunales turcos en contra, penas de prisión dictadas y presentaciones realizadas en la Corte Europea de Derechos Humanos finalmente han decidido exiliarse luego del brutal asesinato del periodista turco de origen armenio, Hrant Dink, ocurrido en enero de 2007 en las puertas de su periódico *Aghos*, del cual era director. La censura de diversos medios de comunicación oral y escrita como así también el bloqueo de diversas páginas de Internet presenta a Turquía entre los predadores de la prensa más feroces del mundo (RSF, Informe Anual/2008).

Las Fuerzas Armadas

El Ejército turco, heredero del ejército del Imperio Otomano, históricamente ha ostentado una intensa y activa participación en la vida cívico-política del país. Bastión del legado kemalista, defiende a cualquier precio

---

20. De acuerdo con estadísticas suministradas por el Ministerio de Justicia de Turquía fueron acusados con el cargo de violar la ley sobre manifestaciones y reuniones (Ley 2.911) 3.294 civiles en 2007, 3.778 en 2008 y 8251 en 2009 (HRA, 2011).

el carácter secular del Estado y en una confusa separación de poderes aparece como un cuarto poder.

Además del laicismo, otra característica de la república turca es su unitarismo centralista que inspira el espíritu nacionalista del Ejército y alimenta el fantasma de la desintegración territorial tras el derrumbe otomano. De allí que el Ejército acuse de separatistas a kurdos, a armenios, a griegos, etc. y recurra al artículo 68 de la Constitución para solicitar el cierre de partidos políticos que actúen, según dice la norma, contra la unidad territorial y nacional del Estado aunque no recurran a la violencia.

Tanto el Consejo de Seguridad Nacional (órgano constitucional integrado por miembros civiles del gobierno y militares de las Fuerzas Armadas) como el Poder Judicial en su conjunto y el Tribunal Constitucional particularmente son dispositivos de control directo sobre el sistema político, uno creado por el Ejercito y el otro en funcionamiento por voluntad del Ejército. Ambos representantes del *establishment* laico (militares, jueces y altos funcionarios), rechazan la democratización de las instituciones y por lo tanto se oponen al proyecto de reforma constitucional y legislativa así como a cualquier otro mecanismo que, de acuerdo con su "lógica nacionalista", atente contra los principios fundadores de la república de Ataturk.

Hasta el acceso al poder del AKP en 2002 la injerencia militar fue absoluta en los asuntos de la agenda doméstica gozando de indiscriminada libertad para actuar en defensa de lo que se denomina el "panturquismo".

El alejamiento pautado de las Fuerzas Armadas y las nuevas políticas de base islamista moderada implementadas por Poder Ejecutivo recibieron como respuesta del Jefe del Estado Mayor el llamado "golpe virtual" de abril de 2007. Este brote extremista y antidemocrático volvió a amenazar al Estado de Derecho y al camino de apertura iniciado por la nueva dirigencia que aspira liderar la región y ubicarse entre las principales democracias de Occidente.

El apartamiento del Consejo de Seguridad Nacional de las cuestiones políticas y el enjuiciamiento a numerosos militares en cortes civiles han enfrentado duramente al gobierno actual con los militares. Sin embargo, éstas y otras medidas adoptadas por Primer Ministro aún no han resultado suficientes a la hora de eliminar la tutela militar.

El derecho a la vida: la tortura y el trato inhumano como prácticas corrientes

A pesar de la tímida reforma legislativa iniciada por Ankara para alcanzar los criterios políticos de Copenhague, el derecho a la vida como valor supremo de la persona y de una sociedad democrática aún tiene un largo camino por recorrer.

La violencia institucional aumenta cada mes y la policía es la principal agencia del Estado al servicio de la represión. La reforma legislativa realizada en 2007 respecto de deberes y competencias del cuerpo policial ha resultado el disparador de una política autoritaria y de persecución en las calles de las ciudades.[21] Las cárceles y los centros de detención son el exponente de la violencia en su máxima expresión. Los prisioneros pierden la vida producto de la violencia explícita[22] como así también resultado del tratamiento inadecuado de enfermedades o de heridas, del abandono de su salud, etc.[23] Todos sus

---

21. A finales de 2009 se registraron 116.340 prisioneros en Turquía; a finales de 2010 la cifra aumentó a 122.404, ibid., 39.

22. En 2009, 319 prisioneros murieron en la cárcel, en 2010 la cantidad de muertos aumentó a 413 víctimas, ibid., 39.

23. De 263 prisioneros enfermos a mayo de 2010, un total del 100% se encontraban esperando tratamiento médico a esa fecha, ibid., 39.

derechos son menoscabados: se encuentran incomunicados, con la presunción de culpabilidad sobre sus cabezas y la sospecha de no acceder a un debido proceso.

La cultura de la impunidad se afianzó en la administración turca durante el régimen militar instaurado en septiembre de 1982. En ese período, la tortura y el trato inhumano fueron una práctica sistemática del gobierno, que ya existían desde un largo tiempo. De acuerdo con confesiones expresadas por el propio Kenan Evren (Comandante en Jefe del Ejército y líder del Golpe de Estado de 1982) respecto de la libertad de acción que poseía la policía en las comisarías "se permitió trabajar confortablemente a la policía" (*"as if there were no torture in pólice statios before coup? It was in all the statios. Ill-treatment was made when one got in to a police station in 12ts of September* we freed the police to work confortably.") (HRA, 2007). Estas conductas estatales aberrantes que fueron legitimadas por la Junta Militar de 1982[24] violan cualquier norma del Derecho de los DDHH y del Derecho Humanitario, los Tratados Internacional y las constituciones democráticas, son crímenes contra la humanidad cuyo denominador común es la impunidad con la que se actúa, motivo por el cual son delitos imprescriptibles en los que no hay límite espacial o temporal para ser juzgados.

La opresión se respira en todos los ámbitos, en las calles y dentro de los hogares. Junto a la represión institucionalizada, coexiste la violencia doméstica y de género al amparo de un Estado espectador que no instrumenta las medidas adecuadas para poner fin a semejantes actos de violencia en nombre del "honor". La igualdad entre el hombre y la mujer pareciera ser un capítulo que muy lejos se encuentra de abrirse.

---

24. *"Before 12th of September... the guardians of Diyarbekir Prision suffered a lot. They took their revenge after the 12th September."* (HRA, 2007).

Desde la óptica civil: organizaciones internacionales y organizaciones no gubernamentales

Son las instituciones supranacionales, como la Organización de las Naciones Unidas, el Consejo de Europa, la UE y los órganos que de ellas dependen, creadas a instancias de la necesidad inminente de activar mecanismos más expeditos que garanticen la protección de estos valores fundamentales, quienes han tejido una red de instrumentos políticos y jurídicos con el propósito de establecer estándares mínimos que salvaguarden estas libertades y estos derechos respetando la diversidad religiosa, cultural y social de los pueblos.

Paralelamente a las estructuras supranacionales coexisten organizaciones no gubernamentales de DDHH, como Human Rights Watch, Minority Rights Group International, la Federación Internacional de Derechos Humanos, Amnistía Internacional con sus respectivas delegaciones en muchos Estados como es el caso de Turquía y en la mayoría de los países de la UE, que realizan visitas a los países, posteriormente elaboran informes con las recomendaciones del caso alertando y denunciando respecto de las violaciones que se cometen. Los informes de las organizaciones internaciones y de los organismos no gubernamentales arrojan datos que permiten encontrar un sensible avance en cuanto a una mayor protección de los DDHH en términos generales en el país candidato a lo largo de los últimos trece años. Sin perjuicio de ello, los testimonios estremecen, las cifras continúan alarmando y las recomendaciones no atenúan su nivel de urgencia y de alerta.

A continuación se presenta un cuadro elaborado por la Federación Internacional de Derechos Humanos (FIDH) en el que se sintetizan diez años (1999-2009) de la historia de la sociedad turca respecto de la violación de algunos de los derechos más esenciales del ser humano (derecho a la vida, de opinión, de expresión, de asociación, de creencia, de reunión y de manifestación).

1999- 2009 COMPARATIVE SUMMARY TABLE HUMAN RIGHTS ASSOCIATION Human Rights Situation in Some Rights Categories between 1999 and 2009

VIOLATION OF RIGHT TO LIFE						
Year	Un-known Killings	Doubtful deaths/ deaths in custody because of extra judicial execu-tion/ torture paid guard village	Death in clashes	Torture and ill-treat-ment	People taken in custody	Arrests
1999	212	205	857	594	50318	2105
2000	145	173	147	594	35007	1937
2001	160	55	92	862	44181	2955
2002	75	40	30	876	31217	1148
2003	50	44	104	1202	12406	1196
2004	47	47	240	1040	9711	774
2005	1	89	496	825	2702	621
2006	20	130	345	708	5560	1545
2007	42	66	424	678	7197	1440
2008	29	65	432	1546	11002	2387
2009	18	108	141	1835	7718	1923

Freedom of Opinion/Expression/Association/Belief and Meeting-Demonstration					
Year	Political Parties and Association that was or wanted to be closed down	Raided Public/Political/Publishing Institutes	Banned-Seized Publications	Demanded Imprisonment Sentence (launched trials)	Given imprisonment sentence (resulted trials)
1999	169	266	283	525 years 23 months against 166 people	587 years
2000	130	156	244	1736 years 11 months against 418 people	474 years 6 months
2001	146	216	341	5583 years 2 months against 3473 people	209 years 2 months imprisonment sentence were given to 97 people
2002	127	83	169	6155 years 8 months imprisonment sentence and 108 milliards TL money penalties against	362 years 7 months imprisonment sentence and 144 milliard 164 million TL fine

				2498 people	
2003	47	88	285	5373 years imprison-ment sentence against 1706 people	600 years 6 months 4 days imprison-ment sentence and 314 milliards 873 million 788 thousands TL fine were given to 454 people
2004	13	35	9 (4 books,4 magazines and 1 news-paper)	1557 years 2 months imprison-ment sentence and 350 milliards money penalties against 467 people	30 years 9 months imprison-ment sentence and 784 milliards 757 million 402 thousands TL fine were given to 693 people

2005	5	7	29	192 people	266 months imprisonment sentence and 264,000 YTL fine were given to 59 people
2006	6	48	21	1013 people are still being judged in 120 cases	Total 153 cases were resulted and 108 of them were resulted with conviction, 398 people were sentenced (it covers also fine)
2007	13	36	48	190 court cases against 1232 people	191 cases were concluded in 2007. 369 people were sentenced to 346 years, 4 months, 20 days imprisonment and 49.524,03 YTL (New Turkish Lira) fine.

2008	11	103 (64 political party offices, 35 association offices and 4 trade union and chamber offices	100 (13 news-papers, 11 magazines, 7 posters, 4 books, 1 calendar and 2 statements were confiscated. 38 news-papers, 7 magazines and and 1 TV channels were suspended 3 posters, 3 bannert, 3 books, 2 songs, 1 leaflet, 1 magazine, 1 statementi and 1 album were prohibited)	140 court cases against 450 people. 1722 people were tried in ongoing 2008.	177 cases were concluded. 380 people were sentenced to 432 years, 7 months, 5 days imprison-ment and 321.847 Turkish Lira fine.

2009	10	227 (143 political party offices 51 associations, 14 trade unions, 7 party vehicles, 5 cultural centres, 3 municipal buildings, 2 election konvoys, 2 foundations)	10 newspapers for 27 times, 7 newspaper for 15 times were confisicated. 1 tv broadcast were ceased for 2 times. 11 books, 6 posters, 5 banners, 1 leaflets and 1 stickers were prohibited.	166 court cases against 853 people. In 2009 657 people have been tried in ongoing 86 cases.	202 cases against 741 people were concluded. In 2009. 110 of them were released, 568 peoples were sentenced to 1078 years 10 months imprisonment and 164.896 Turkish Lira fine. 5 cases against 4 people were abatemented and 55 people were sentenced to reading 3 books fines.

This report was prepared by the DOCUMENTATİON UNİT OF IHD HEADQUARTERS, based on datas reached through applications to IHD, reports of Human Rights Investigation and Research Comission established by IHD branches, reports of other NGOS, findings of public agencies, and scanning of national and local newspapers.

3

Proceso de negociación

Analizado el régimen tutelar de los DDHH tanto en la UE como en la República de Turquía en forma independiente cada uno, avanzo estudiando la evolución que se ha producido en la protección de estos derechos y libertades fundamentales a lo largo del tiempo para detenerme y profundizar en la etapa del proceso de negociación seleccionada, 1998-2010, y verificar el progreso obtenido por Turquía, de conformidad con los criterios políticos requeridos por la UE y en particular respecto de la protección de los DDHH.

Breves antecedentes

Las aspiraciones de integración al mundo occidental por parte de Turquía datan formalmente de principios del siglo XX. Fue Mustafá Kemal Atatürk quien en el año 1923 puso fin al califato y al poder de las autoridades religiosas heredadas del antiguo Imperio Otomano. Mirando a Occidente, fundó un Estado con aspiraciones de modernidad, laico y con una singular estructura de república en la que al sistema de separación de poderes de Montesquieu se incorporase una forma de gobierno presidencialista cuyo principal apoyo sería una institución transformada en el cuarto poder del Estado, el Ejército.

Situados en el final de la Primera Guerra Mundial, el 24 de julio de 1923 Turquía firmó el Tratado de Paz de Lausana con Grecia y con los países aliados. Este acuerdo puso fin a la guerra y delimitó las actuales fronteras turcas con Grecia, Bulgaria, Siria e Irak, como así también reguló la protección de las minorías y la nacionalidad de los habitantes de la región, entre otras cuestiones. En su Sección III,[1] la República de Turquía se comprometió a proteger libertades y derechos de las minorías que se encontraban en territorio turco sin distinción de nacionalidad, de lengua, de raza, de credo o de religión; a garantizar libertades civiles y políticas en igualdad de condiciones ante la ley tanto para musulmanes como para no musulmanes; a velar por la libertad de pensamiento y de expresión; a asegurar igualdad de oportunidades de educación y de empleo, sujetándose a las disposiciones establecidas en los artículos 13 y 14 de la Convención de la Sociedad de Naciones.[2]

> ARTICLE 13. *The Members of the League agree that whenever any dispute shall arise between them which they recognise to be suitable for submission to arbitration or judicial settlement and which cannot be satisfactorily settled by diplomacy, they will submit the whole subject-matter to arbitration or judicial settlement.*
>
> *Disputes as to the interpretation of a treaty, as to any question of international law, as to the existence of any fact which if established would constitute a breach of any international obligation, or as to the extent and nature of the reparation to be made for any such breach, are declared to be among those which are generally suitable for submission to arbitration or judicial settlement.*
>
> *For the consideration of any such dispute, the court to which the case is referred shall be the Permanent Court of International Justice, established in accordance with Article 14, or any tribunal agreed on by the parties to the dispute or stipulated in any convention existing between them.*
>
> *The Members of the League agree that they will carry out in full good faith any award or decision that may be rendered, and that they will not resort to war against a Member of the League which complies therewith. In the event of any failure to carry out such an*

---

1. Tratado de Lausana, Parte I, Sección III, artículos 37 a 45.
2. Convención de la Sociedad de las Naciones. En inglés *The Covenant of the League of Nations.*

award or decision, the Council shall propose what steps should be taken to give effect thereto.

ARTICLE 14. The Council shall formulate and submit to the Members of the League for adoption plans for the establishment of a Permanent Court of International Justice. The Court shall be competent to hear and determine any dispute of an international character which the parties thereto submit to it. The Court may also give an advisory opinion upon any dispute or question referred to it by the Council or by the Assembly. Descargado de: http://avalon.law.yale.edu/20th_century/leagcov.asp [consulta realizada el 19-05-2010].

Conjuntamente al marco legal e institucional de respeto de los DDHH trazado por el Tratado Constitutivo de la UE (1993)[3] y reforzado por su Carta de Derechos Fundamentales (1999), también alcanzan y obligan tanto a Turquía como a los Estados miembros, la Declaración Universal de Derechos Humanos aprobada por la Asamblea General de Naciones Unidas (1948) y todos los tratados, resoluciones y sentencias que resultan de pertenecer al Consejo de Europa.

Turquía llama a las puertas de Europa

Este proceso de negociación lo he dividido en etapas a los efectos de poder visualizar con mayor claridad su evolución.

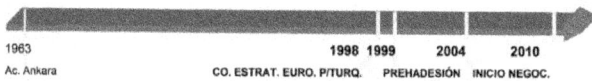

1963		1998	1999	2004	2010
Ac. Ankara		CO. ESTRAT. EURO.	P/TURQ.	PREHADESIÓN	INICIO NEGOC.

- Primera etapa 1963-1998: La Comunidad Europea y Turquía firman el Acuerdo de Ankara (1963) y centran sus esfuerzos en las relaciones comerciales

---

3. Tratado de Maaestricht, artículos 6, 7 y 13.

y económicas hasta alcanzar una Unión Aduanera. Para ello Turquía asumió el compromiso de adecuar su legislación al acervo comunitario.

- Segunda etapa 1997-2004: Por la propuesta del Consejo Europeo de Luxemburgo de 1997, la Comisión Europea[4] adoptó la Comunicación Estrategia Europea para Turquía (1998). Se inició una etapa de informes periódicos de avance respecto de la situación de Turquía, que desembocó en la calificación de "preadhesión" por parte del Consejo Europeo de Helsinki (1999).
- Tercera etapa 2004-2010: El Consejo Europeo en octubre de 2004 recomendó el inicio de las negociaciones de adhesión condicionadas y en diciembre del mismo año decidió que el inicio de las negociaciones se llevara a cabo el 3 de octubre de 2005.

La recepción del acervo comunitario por Turquía se basa en un proceso gradual, presentado en los siguientes documentos:

- Turquía solicita ser miembro asociado de la Comunidad Económica Europea (1959)
- Acuerdo de Asociación entre la CEE y Turquía (1963) y su protocolo adicional (1970)
- Turquía solicita la adhesión completa a la CEE (1987)
- El Consejo de Asociación Turquía-UE completa el acuerdo que crea una unión aduanera entre Turquía y la UE (1995)
- Comunicación de La Comisión Estrategia Europea para Turquía (1998)
- Consejo de Europa de Helsinki declaró a Turquía candidato oficial a la adhesión a la UE (1999)

---

4. Comisión Europea; en adelante "la Comisión".

- La decisión del Consejo sobre los principios, las prioridades, los objetivos intermedios y las condiciones de la asociación para la adhesión de Turquía (2003)
- Comunicación de la Comisión al Consejo y al Parlamento Europeo titulada "Recomendación de la Comisión Europea relativa a los progresos realizados por Turquía en vistas a la adhesión" (octubre de 2004)
- Conclusiones del Consejo Europeo de Bruselas en las que establecen fecha de inicio de las negociaciones el 3 de octubre de 2005 (diciembre de 2004)
- Inicio del proceso de *screening* o examen analítico del acervo (2005)
- Adopción por el Consejo de una Asociación para la Adhesión de Turquía (2008)
- Informes periódicos de la Comisión sobre los progresos realizados por el candidato en vías de adhesión.

El Acuerdo de Asociación entre la CEE y Turquía de 1963 titulado Acuerdo de Ankara y su protocolo adicional de 1970 fijaron los objetivos fundamentales de las relaciones económicas y comerciales y las bases para la creación de la Unión Aduanera, en tres fases. Con el propósito de reforzar los anteriores documentos, también se firmó un primer protocolo financiero al acuerdo inicial.

El 4 de marzo de 1998, la Comisión adoptó la Comunicación Estrategia Europea para Turquía. Las principales metas se establecieron en torno a la armonización legislativa y a la recepción paulatina del acervo comunitario.

Comenzaron los informes periódicos de progresos logrados por Turquía en la vía de la adhesión (Europa). Para la elaboración del primer Informe, de 1998, se aplicó la metodología seguida para los dictámenes sobre los países de Europa Central y Oriental basado en el artículo 28 del Acuerdo de Asociación.[5]

> cuando la aplicación del Acuerdo permita plantear la aceptación íntegra por parte de Turquía de las obligaciones que se derivan del Tratado constitutivo de la Comunidad, las Partes Contratantes examinarán la posibilidad de adhesión de Turquía a la Comunidad. y en las conclusiones arribadas en el Consejo Europeo de Luxemburgo (1997).

En su Informe/1999 la Comisión le concedió el estatus de país candidato como resultado de las conclusiones del Consejo Europeo de Helsinki, en las cuales se le reconoció a Turquía la calidad de país candidato a la UE en pie de igualdad con otros países candidatos, sin perjuicio de advertir que sólo se iniciarían las negociaciones cuando se cumpliera el criterio político. Mientras tanto se beneficiaría de una estrategia de preadhesión destinada a fomentar las reformas solicitadas encaminadas y a reforzar el diálogo político con particular atención en los DDHH.

En el Informe/2000 se señala el inicio del debate de las reformas políticas con vistas a la UE y la aprobación de varios instrumentos internacionales en materia de DDHH. En cuanto a la adecuación del acervo, en el terreno político no se han visto los mismos avances que en el comercial. Las profundas debilidades en todos los niveles de la administración pública dificultan el camino democrático, la corrupción es moneda corriente y el Poder Judicial, preso de sus propios principios kemalistas, quiebra la consolidación del Estado de Derecho.

En el Informe/2001 La Comisión insiste en los esfuerzos que Ankara debe realizar en el proceso de reformas económicas, políticas y sociales, enfatizando el respeto de los DDHH y los mecanismos de salvaguarda.

---

5. Acuerdo de Asociación entre la CEE y Turquía aprobada por Decisión del Consejo N° 64/732/CEE, del 23 de diciembre de 1963, artículo 28:

En el Informe/2002 y el Informe/2003 se felicita la supresión de la pena de muerte (salvo en situación de guerra) y la aceptación de otras lenguas distintas del turco en la radioteledifusión y en la enseñanza privada. No obstante, se señala que Turquía debe seguir trabajando fuertemente en las reformas políticas que permitan mejorar el sistema jurídico y sociopolítico actual.

El Informe/2004 da cuenta de los progresos que representan las reformas legislativas y las enmiendas constitucionales efectuadas de conformidad con las prioridades fijadas en la Asociación para la Adhesión (2003), en miras al pleno disfrute de las libertades fundamentales de los ciudadanos turcos. A pesar de ello, se necesita ampliar la legislación y revisar los mecanismos de aplicación y de acatamiento de las normas, principalmente respecto del uso de la violencia, de la tortura y del trato inhumano como instrumentos del poder de policía.

En su recomendación del 6 de octubre de 2004, la Comisión emitió la comunicación titulada "Recomendación de la Comisión Europea relativa a los progresos realizados por Turquía en vistas a la adhesión" (Comunicación N.° 656/2004), a través de la cual consideró que el país candidato alcanzó los criterios políticos de Copenhague y sugirió la apertura de las negociaciones condicionadas, aplicando una estrategia basada en tres pilares.

La apertura condicionada se debe a que, si bien se han producido cambios legislativos de conformidad a las normas europeas y a las prioridades establecidas en la Asociación para la Adhesión, una vasta cantidad de instrumentos jurídicos necesarios para avanzar en la apertura democrática como la ley de asociaciones, el proyecto del nuevo código penal, la ley de tribunales de apelación intermedios, la creación de la figura de un *ombudsman* (Defensor del Pueblo), el código de procedimiento penal, entre otras, no han entrado en vigor. Los cambios implementados no han disminuido la práctica de la tortura ni el trato inhumano, ni la persecución a los miembros de minorías, ni a la represión a periodistas y a defensores de los DDHH.

Los pilares de la estrategia de adhesión se encuentran relacionados con los criterios de Copenhague. El primer pilar se corresponde con el criterio político. A partir de finales de 2005 exámenes anuales ponen de manifiesto los avances en cuanto a las reformas políticas recomendadas. Incluso, la corroboración de graves violaciones a la libertad, a la democracia, a los DDHH, al Estado de Derecho puede desembocar en la suspensión de las negociaciones. El segundo pilar se refiere al criterio económico y social de adopción del acervo comunitario. Las negociaciones se abordan en el marco de una conferencia intergubernamental que incluye a todos los Estados miembros de la UE, y para cada capítulo el Consejo debe fijar los criterios de referencia para el cierre provisorio de cada uno. El tercer pilar se refiere al diálogo político y cultural entre los pueblos de la UE y de Turquía con la finalidad de superar las diferencias culturales que puedan repercutir en cuestiones vinculadas con la migración, los derechos de minorías y el terrorismo, y se destaca el rol fundamental que posee la sociedad civil en el entendimiento de este diálogo.

Sobre esta base, el Consejo Europeo de Bruselas de los días 16 y 17 de diciembre de 2004 programó la apertura de las negociaciones de adhesión de Turquía para el 3 de octubre de 2005.

En concordancia con las negociaciones formalmente iniciadas tres años atrás, el Consejo Europeo del 18 de febrero de 2008 adoptó el documento denominado "Asociación para la Adhesión". Éste tiene por objeto colaborar con las autoridades turcas en sus esfuerzos por cumplir los criterios de adhesión a corto plazo (de uno a dos años de cumplimiento) y a mediano plazo (de tres a cuatro años). Esta asociación focaliza en la capacidad de Turquía para respetar los criterios políticos definidos en 1993 a través del diálogo político y expone detalladamente las prioridades de la preparación del país para la adhesión, en particular la aplicación efectiva del acervo (políticas y actos jurídicos, originarios y derivados de la UE). Asimismo, conforma el marco de referencia de la estrategia de preadhesión. La estrategia de preadhesión agrupa los instrumentos del proceso de adhesión de un nuevo miembro en un programa que permite al candidato familiarizarse con los procedimientos y las políticas de la UE.

El Informe/2008 refleja la profunda preocupación respecto de la consolidación de la democracia y la vigencia del Estado de Derecho en el país. Ese año, fundándose en denuncias respecto de efectuar políticas antiseculares que atentaban contra la nación turca, el Tribunal Constitucional dictaminó a favor del cierre de diversos partidos políticos, incluso el oficialista AKP, e intentó alejar de la actividad política por cinco años a setenta y un funcionarios entre los que se encontraban el Presidente de la República y su Primer Ministro. Afortunadamente, la medida no prosperó y el gobierno pudo continuar con su mandato constitucional. El informe se expresa alarmante respecto de que la profunda reforma constitucional que debería abrir el camino hacia los estándares de Europa aún no se haya iniciado. Hubo apenas tímidas enmiendas impulsadas por el AKP, como fueron las aprobadas por el Congreso en febrero de 2008 sobre los artículos 10 (igualdad ante la ley) y 42 (derechos y deberes del ejercicio de la educación) de la Constitución con el objeto de permitir el uso del velo en las universidades para las estudiantes.

El Informe/2009 reitera acerca de la falta de compromiso institucional en esta materia toda vez que no se ha ratificado un solo instrumento internacional más de DDHH. El protocolo facultativo de la Convención contra la Tortura y Otros Tratos o Penas Crueles, Inhumanos o Degradantes firmado en septiembre de 2005 aún no ha sido ratificado; la ratificación de la Convención sobre los Derechos de las Personas con Discapacidades se encuentra pendiente; tampoco se han ratificado los protocolos adicionales a la CEDH N.° 4, 7 y 12. El número de juicios iniciados en el marco de la CEDH año tras año aumenta, la mayoría de las demandas presentadas tiene por objeto el resguardo del derecho a un juicio justo y la protección de los derechos de propiedad, en menor medida aunque en una tendencia creciente por violaciones al derecho a la vida y a la integridad física a causa de torturas y trato inhumano en cárceles y otros centros de detención. Otra seria dificultad que enfrenta el sistema judicial turco es la reticencia a aplicar sentencias firmes de los tribunales europeos.

El Informe/2010 rescata los progresos que se han producido en cuanto a pequeñas reformas legislativas aunque enciende la alarma frente a la ley antiterrorista e insiste en la ausencia de mecanismos democráticos que recojan la opinión pública, la de los partidos políticos opositores y la de la sociedad civil en general. La escandalosa cantidad de periodistas detenidos inquieta a defensores de los DDHH y a la comunidad internacional, que no puede pasar por alto que tras el asesinato del periodista Hrant Dink, lejos de haber sido un punto de inflexión en el libre y pleno ejercicio de la libertad de expresión, la política de persecución se ha profundizado. Las restricciones a las que se enfrentan las minorías, las mujeres y los niños dan cuentan de que el marco institucional para la protección de estos derechos es muy frágil; el acceso a los servicios públicos de salud y de educación es absolutamente desigual; las provincias del interior de Turquía pero fundamentalmente las regiones del este y del sureste del país se encuentran absolutamente relegadas a causa de las represalias a la población kurda, acusada de separatista y de detractora de los principios nacionales turcos. La falta de progresos en la relación bilateral con un país miembro de los 27, Grecia, y sus incumplidas obligaciones internacionales asumidas al respecto en 2005, no auguran una pronta solución del conflicto con Chipre, lo que congela otro punto de la agenda de las negociaciones que la UE reclama.

En definitiva, los avances del sistema político turco son notorios, no obstante lo cual, hasta la fecha los progresos de Turquía en la vía de los estándares europeos son limitados (de acuerdo con las exigencias occidentales). La clave está en la superación de los criterios políticos de Copenhague que aseguran la estabilidad institucional necesaria para garantizar la democracia, el Estado de Derecho, el respeto de los DDHH y la protección de las minorías, pero también en aguardar a que los acuerdos decanten si son mutuamente beneficiosos, ya que "las transformaciones culturales requieren más tiempo que las políticas y [...] ni en Europa ni en Turquía éstas son cuestiones resueltas" (Véase el anexo, entrevista al Dr. Leandro Despouy).

En cuanto a los avances concretos del proceso de negociación, treinta y tres son los informes periódicos que la Comisión ha remitido al Consejo y al Parlamento Europeo. A finales del período estudiado (2010) la situación es la siguiente: de los treinta y cinco capítulos, hay trece que ya han sido abiertos[6] y uno concluido provisionalmente.[7] Otros dieciocho están congelados por las reticencias de varios países miembros. En diciembre del año 2006 el Consejo decidió no abrir ocho capítulos[8] pertinentes y no cerrar provisionalmente ninguno hasta que Turquía no haya cumplido su compromiso de aplicar a Chipre el protocolo adicional al Acuerdo de Ankara. Los tres restantes,[9] según un memorándum de la Comisión Europea, dependen exclusivamente de los esfuerzos que realice Turquía para cumplir objetivos (Serbeto, 2010 e Informe/2010 Progresos de Turquía).

---

6. Entre los que se encuentran: empresa e industria (marzo 2007), propiedad intelectual y derecho de sociedades (junio 2008), seguridad alimentaria, política veterinaria y fitosanitaria (junio 2010).

7. Ciencia e investigación (junio 2006).

8. Libre circulación de mercancías, derecho del establecimiento y de libre prestación de servicios, servicios financieros, agricultura y desarrollo rural, pesca, política de transporte, unión aduanera y relaciones exteriores.

9. Contratos públicos, competencias y política social, y empleo.

Conclusiones

El proceso de negociación entre la República de Turquía y la UE se encuentra abierto y, luego de años de intensa actividad e interacción estratégica, a partir de finales de 2009 y de 2010 el proceso se encuentra cuasi bloqueado en los hechos.

Tal como reseña el informe del Parlamento Europeo de 2009, Ankara no cumple todavía con los criterios políticos de Copenhague, aunque más de ochenta artículos de su Constitución han sido enmendados desde que la Cumbre de Helsinki (1999) declaró a Turquía candidata oficial a la adhesión a la UE. Quedan al menos dos puntos espinosos por reformar: la libertad de expresión y de organización, y la democratización de las Fuerzas Armadas y de Seguridad, que aún siguen interviniendo en la política interna y externa.

Resulta anecdótico pero también ilustrativo el dato de que Turquía es el miembro fundador del Consejo de Europa más condenado por el Tribunal Europeo de DDHH por violaciones de los artículos 10 y 11 del Convenio Europeo de DDHH, y ya son doce los partidos políticos ilegalizados que han acudido al Tribunal de Estrasburgo, que condenó a Turquía en cuatro de los cinco casos examinados hasta el momento. Turquía es también el miembro fundador que ha sufrido más golpes de Estado e intervenciones militares en los últimos cincuenta años (Özcer, 2010).

Ante la falta de movimientos de Ankara en las conversaciones sobre el conflicto de Chipre y una solución pacífica de la Cuestión Kurda, Turquía y la UE se encuentran en una meseta en el proceso de negociaciones de adhesión. La Comisión Europea exige cada año que Turquía aplique a Chipre el llamado Protocolo de Ankara, el que consiste en la ejecución de los mecanismos de unión aduanera que ya tiene con los demás miembros de la UE. Sin embargo, Turquía se niega a autorizar la entrada de buques y de aviones procedentes de Chipre mientras que las autoridades de Nicosia no reconozcan la existencia de la República Turca de Chipre del Norte. En cuanto a la minoría kurda, el progreso producido recientemente posee alcances limitados ya que no se ha modificado la esencia de las normas que restringen los derechos políticos y culturales de las minorías.

La Constitución turca ha sufrido varias enmiendas principalmente desde que el AKP ha llegado al poder en 2002. Incluso el paquete de reformas aprobadas en el referéndum del pasado 12 de septiembre de 2010 da cuenta de que la República de Turquía se encuentra en la dirección correcta, sin embargo el núcleo antidemocrático sigue intacto. De acuerdo con los informes periódicos de la UE de la última década y con las recomendaciones de las ONG, las principales acciones de la agenda de reforma legislativa que sin duda acelerarán el proceso de negociación en vías a la adhesión de Turquía son:

- garantizar el efectivo goce de los DDHH, haciendo especial énfasis en la libertad de expresión en todas sus manifestaciones (de opinión, de culto, de asociación, sindical, escrita, oral, de Internet, etc.);
- profundizar la democratización de la administración pública, fundamentalmente del Poder Judicial y de las fuerzas de seguridad nacional erradicando la tortura y el trato inhumano de los mecanismos de coerción del Estado;
- ampliar el respeto y la protección a los derechos de las minorías y de los sectores más vulnerables como las mujeres y los niños;
- resolver de forma pacífica del conflicto fronterizo con Chipre.

Otro tema al que no debe asignársele un valor menor consiste en que el apoyo de la sociedad turca a la adhesión a la UE se ha debilitado. En el año 2004 el 70% de la población se expresaba a favor, mientras que sólo dos años después ya había disminuido al 27% el voto positivo. En el mismo sentido, la fuerte oposición de dos miembros tan importantes como son Francia y Alemania representa la aún inconclusa etapa de ratificación interna entre los sectores nacionales que precisa todo proceso de negociación para llegar con éxito hasta el final.

En el seno de las sociedades europeas y turca se da el debate interno respecto a la admisión de un país con las características de Turquía, teniendo en cuenta que su enorme patrimonio cultural, su economía en veloz crecimiento, su densidad demográfica y su fe musulmana (en su mayoría) son factores que inciden fuertemente en la voluntad popular de ambos actores. Sin ningún lugar a duda la aceptación de un candidato de la magnitud de Turquía genera temores y saca a la luz debilidades de la comunidad europea. Conciliar la fuerte cultura turca, expansionista y autoritaria, proveniente del pasado imperial otomano y teñida de un nacionalismo exacerbado con el kemalismo, con las modernas sociedades europeas que, con variado grado de democratización, siempre han sido el modelo para todo el mundo, requiere de una sólida madurez institucional y de un consenso interno profundo tal que la acción multilateral sólo puede prosperar en el marco de los regímenes internacionales capaces de ofrecer el espacio común y las condiciones más propicias.

El fortalecimiento del diálogo político entre las autoridades de Turquía y la UE pareciera que únicamente dará sus frutos si la aceptación popular (interna) de ambos actores comienza a crecer, resultado de los progresos obtenidos en el camino hacia la apertura democrática que debe liderar Ankara. Sin embargo, no hay que olvidar que, como el Dr. Despouy afirma:

> En política exterior, ni las negociaciones ni los resultados
> son lineales; por el contrario, intervienen muchas variables

y por ello tampoco son frecuentemente previsibles. Las alegaciones basadas en el respeto a los derechos humanos no
siempre tienen la misma lectura y muchas veces un final
abierto puede transformarse en un revés histórico (Véase el
anexo, entrevista al Dr. Leandro Despouy).

En consecuencia, la dinámica interna-externa que se
produce en la relación cooperativa de estos dos jugadores
de la política mundial por el momento sólo permite avizo-
rar una agenda de asuntos de política doméstica y exterior
que siga nutriendo intereses mutuos pero sin poder pro-
nosticar el resultado final de estas negociaciones.

Bibliografía

Bibliografía citada

Acuerdo de Ankara (1963). Decisión N.° 64/732/CEE y su protocolo adicional (1970). Descargado de http://goo.gl/WkOJ20 [consulta realizada el 20-12-2011].

Acuerdo de Asociación de Cotonou (2000), Cotonou, Benin 23 de junio. Descargado de http://goo.gl/uwf3vb [consulta realizada el 17-05-2010].

Akin Özcer (2010), "Erdogan y la transición democrática turca", *elpaís.com*, 2 de febrero. Descargado de http://goo.gl/62hw9h [consulta realizada el 23-02-2010].

Amnistía Internacional (2010), Informe Anual, El estado de los derechos humanos en el mundo. Descargado de http://goo.gl/d2dWTe [consulta realizada el 23-04-2010].

Asociación para la Adhesión (2008), Decisión 2008/157/CE. Descargado de http://goo.gl/3ifi03 [consulta realizada el el 14-05-2010].

Barkey, Henri y Kadioglu, Direnç (2011), "The Turkish Constitution and The Kurdish Question", Carnagie Endowment for International Peace, 1 de agosto. Descargado de http://goo.gl/BFLqRg [consulta realizada el 20-09-2011].

Baskin Oran (2006), EU Harmonization Packages and their Implementation, Nationalism, underdevelopment, citizenship: The EU and minority policies in Turkey, European Studies Centre Programme on Contemporary Turkey at South East European Studies at Oxford Seminar Series.

Bhalla, Reva, Goodrich, Lauren y Zeihan. Peter (2009), "Turkey and Russia on the Rise", *Stratfor Global Intelligence*, 17 de marzo. Descargado de http://goo.gl/iYti-GT [consulta realizada el 20-9-2011].

Carta de los Derechos Fundamentales de la Unión Europea (2000/2007). Descargado de http://goo.gl/iRglZp Diario Oficial de la Unión Europea, 2007/C 303/01, 14-12-2007 y http://goo.gl/3wSDyt [consulta realizada el 17-05-2010].

Carta de los Derechos Sociales Fundamentales los Trabajadores (1989). Descargado de http://goo.gl/nU27fr [consulta realizada el 17-05-2010].

Centro de Estudios y Documentación Internacionales de Barcelona (2011), "Biografía de líderes políticos: Ahmet Davatoglu", 7 de junio. Descargado de http://goo.gl/NhJvvS [consulta realizada el 25-09-2011].

Coase, Roland (1960), "The problem of social cost", *Journal of Law and Economics*, vol 3, pp. 1-44.

Comisión Europea – Ampliación (2005), Negotating framework, Luxemburgo, 3 de octubre. Descargado de http://goo.gl/Y4gPAX [consulta realizada el 15-11-2011].

Comisión Europea – Ampliación (2006), 2006/35/EC: Council Decision of 23 January 2006 on the principles, priorities and conditions contained in the Accession Partnership with the Republic of Turkey, 26 de enero. Descargado de http://goo.gl/7uzL3b [consulta realizada el 15-11-2011].

Comisión Europea – Ampliación (2008), 2008/157/EC: Council Decision of 18 February 2008 on the principles, priorities and conditions contained in the Accession Partnership with the Republic of Turkey and repealing Decision 2006/35/EC, 26 de febrero. Descargado de http://goo.gl/pgS0hW [consulta realizada el 15-11-2011].

Comunicación de la Comisión Europea N.° 656/2004 final, no publicada en el Diario Oficial de la UE (2004), Recomendación de la Comisión Europea relativa a los progresos realizados por Turquía en vistas a la adhesión. Descargado de http://goo.gl/paeV2A [consulta realizada el 14-05-2010].

Conclusiones del Consejo Europeo de Bruselas (2010). Descargado de http://goo.gl/pZnjXp EUCO 13/10 [consulta realizada el 18-11-2010].

Consejo Europeo de Colonia (1999). Descargado de http://goo.gl/v7MDQk [consulta realizada el 18-11-2010].

Consejo Europeo de Copenhague (1993). Descargado de http://goo.gl/pwTr1o y http://goo.gl/IuUzZT [consulta realizada el 18-05-2010].

Consejo Europeo de Helsinki, "Declaración del Milenio" (1999), diciembre. Descargado de http://goo.gl/QPKnxz [consulta realizada el 18-05-2010].

Consejo Europeo de Madrid (1995). Descargado de http://goo.gl/aEHpTW [consulta realizada el 18-05-2010].

Consilium of EU (2010), Report on EU action, Human Rights and Democracy in the world, julio de 2008-diciembre de 2009, Descargado de http://goo.gl/ipcD6u [consulta realizada el 27-05-2010].

Convención sobre los Derechos del Niño de la ONU (1989) y sus protocolos facultativos, adoptada y abierta a la firma y ratificación por la Asamblea General de la ONU en su resolución 44/25, 20 de noviembre. Descargado de http://goo.gl/5CAqAU [consulta realizada el 28-10-2011].

Convenio Europeo para la Protección de los Derechos Humanos y Libertades Fundamentales (1950) y sus protocolos adicionales. Descargado de http://goo.gl/3gh4-An Versión consolidada: http://goo.gl/akkGPq [consulta realizada el 30-04-2010].

Convención de la Sociedad de las Naciones (1924). Descargado de http://goo.gl/IEJiVV [consulta realizada el 21-05-2010].

Convención sobre la Eliminación de todas las Formas de Discriminación contra la Mujer (1979) [Convention on the Elimination of all Forms of Discrimination against Women, CEDAW por sus siglas en inglés]. Descargado de: http://goo.gl/jqVsD8 [consulta realizada el 30-10-2011].

Convenio Marco para la Protección de las Minorías Nacionales (1995) [Framework Convention on the Protection of National Minorities], 1 de febrero. Descargado de http://goo.gl/eNOGjj [consulta realizada el 05-11-2011].

Council of Europe (COE) (2001), Reporte del Alto Comisionado de Derechos Humanos a Turquía, diciembre. Descargado de http://goo.gl/lgBU2U [consulta realizada el 18-05-2010].

Council of Europe (COE) (2009), Reporte del Alto Comisionado de Derechos Humanos a Turquía, Estrasburgo, 1 de octubre. Descargado de http://goo.gl/eClQeX [consulta realizada el 18-05-2010].

Council of Europe (COE) (2010), Joint statement by Secretary General Jagland and Committee of Ministers Chair Davutoğlu, Human Rights Day 2010: "We must strengthen tolerance as an essential value in Europe to protect human rights", Estrasburgo, 9 de diciembre. Descargado de http://goo.gl/o2FhoA

De Zayas, Alfred (2010), *El Genocidio contra los armenios 1915-1923 y la relevancia de la Convención de 1948 para la prevención y la sanción del delito de Genocidio*, Buenos Aires, Consejo Nacional Armenio de Sudamérica, Catálogos.

Declaración sobre los derechos de las personas pertenecientes a minorías nacionales o étnicas, religiosas y lingüísticas (1992) [Declaration on the Rights of Persons Belonging to National or Ethnic, Religious and Linguistic Minorities], aprobada por la Asamblea General de la ONU en su resolución 47/135, 18 de diciembre. Descargado de http://goo.gl/gMk6-Q8 [consulta realizada el 05-11-2011].

Declaración Universal de los Derechos Humanos (1948). Descargado de http://goo.gl/k5aURh [consulta realizada el 21-05-2010].

Deutsche Welle-World (2006), "Unión Europea frena entrada de países balcánicos, por ahora", 8 de noviembre. Descargado de http://goo.gl/zXv6Em [consulta realizada el 25-11-2011].

Diario ABC.es (2010), "Gadaffi otorga un premio de derechos humanos a Erdogan", 30 de noviembre. Descargado de http://goo.gl/dOktfY [consulta realizada el 25-09-2011].

Diario Oficial de la Unión Europea N.º C191 29.7.1992. Descargado de: http://goo.gl/gvAYZk [consulta realizada el 17-05-2010].

Dilek Kurban (2007), "A Quest for Equality: Minorities in Turkey", Report of Minority Rights Group International, Londres, diciembre. Descargado de http://goo.gl/25a4-k9 [consulta realizada el 03-08-2010].

Egea de Haro, Alfonso (2010), "La ampliación europea en tiempos de crisis". Descargado de http://goo.gl/MSyrnS [consulta realizada el 17-05-2010].

Enrique Serbeto (2010), "Turquía sopesa dar un portazo a la UE por la falta de avances", Periódico ABC Internacional.com, 9 de diciembre. Descargado de http://goo.gl/phwr7D Periódico ABC Internacional.com 09-12-2010].

Entrevista a Thomas Hammarberg, Alto Comisionado de la Comisión Europea de Derechos Humanos en las vísperas del 60º Aniversario de la Declaración Universal de los Derechos Humanos, 9-12-2008. Descargado de http://goo.gl/yNG0si [consulta realizada el 17-05-2010].

Estatuto Europeo para Lenguas regionales o minoritarias (1992) [European Charter of Regional or Minority Languages], 5 de diciembre. Descargado de http://goo.gl/qtpRpw [consulta realizada el 05-11-2011].

Eurasia Daily Monitor (2011), "Davutoglu Outlines the Contours of the New Turkish Foreign Policy", Saban

Kardas, vol. 8, núm. 4. Descargado de http://goo.gl/adm8pD [consulta realizada el el 04-08-2011].

Europa.eu, "Síntesis de la Legislación de la UE-Ampliación-Estrategia de preahdesión de Turquía". Descargado de http://goo.gl/AafrdX [consulta realizada el 14-5-2010].

European Commission (EC), Communication to the Commission to the European Parliament and the Council (2010), Enlargment Strategy and mail Challenges 2010-2011 (COM 2010-660), Bruselas, 9 de noviembre. Descargado de http://goo.gl/pjGFeJ [consulta realizada el 17-11-2010].

European Network of National Contact Points Descargado de http://goo.gl/g7Ii6b [consulta realizada el 01-11-2011].

Federación Internacional de los Derechos Humanos (FIDH) (2009), Informe Anual, Europa y la Comunidad de Estados Independientes (CEI), Observatorio para la protección de defensores de derechos humanos. Descargado de http://goo.gl/1Jufpi [consulta realizada el 12-04-2010].

Federación Internacional de los Derechos Humanos (FIDH) (2009), Informe Anual, "La perseverancia del testimonio", Observatorio para la protección de defensores de derechos humanos. Descargado de http://goo.gl/96NX-v0 [consulta realizada el 12-04-2010].

Federación Internacional de los Derechos Humanos (FIDH) (2010), Resolución adoptada por FIDH sobre los derechos humanos en Turquía, y la sub-región adoptada por el Congreso FIDH en Yerevan. Descargado de http://goo.gl/HzU1ll [consulta realizada el 12-04-2010].

Forsythe, David P. (2006), *Human Rights in International Relations*, Cambridge, Cambridge University Press, capítulos 1 y 5.

Harout Sassounian (2011), "El mismo viejo truco de Turquía: hace promesas, recibe elogios y no cumple con nada. ¿Desde 1936 o desde 1915?", *Semanario Diario ARMENIA*, 8 de septiembre. Descargado de http://goo.gl/i2fGQB [consulta realizada el 20-09-2011].

Human Rights Association (HRA) (2007), "Criminal complaint against the leader of the Coup D'etat who easily confessed that the leaders of the junta had unleashed the torture so that security forces could work comfortably", 7 de noviembre. Descargado de http://goo.gl/GP4Yac [consulta realizada el 25-01-2011].

— (2008), "The Human Rights Violation Report 2008 Proves that our serious concerns about Human Rights Situation in our Country are Right", Ankara. Descargado de www.ihd.org.ar.tr/english [consulta realizada el 20-05-2010].

— (2009a), "Human Rights, The Kurdish Issue and Turkey", noviembre. Descargado de http://goo.gl/8ObFH6 [consulta realizada el 01-06-2010].

— (2009b), "Human Rights situation in some rights categories between 1999-2009". Descargado de http://goo.gl/FFTjma [consulta realizada el 01-05-2010].

— (2011), "The Evaluation of 2010 Human Rights violations Report", 3 de junio. Descargado de http://www.ihd.org.tr/english/ [consulta realizada el 30-11-2011].

Human Rights Watch (HRW) (2008), "Stuck in a Revolving Door Iraqis and Other Asylum Seekers and Migrants at the Greece/Turkey Entrance to the European Union", 26 de noviembre. Descargado de http://goo.gl/5dukse [consulta realizada el 23-04-2010].

— (2009), "Informe Anual", capítulo: Unión Europea. Descargado de http://www.hrw.org/es/world-report-2010/uni-n-europea [consulta realizada el 23-04-2010].

— (2010a), "Turquía: utilizan leyes antiterroristas para encarcelar a manifestantes kurdos", Estambul, 1 de noviembre. Descargado de http://goo.gl/LxAhN3 [consulta realizada el 04-11-2010].

— (2010b), "Statement to the Human Rights Council in Turkey", 22 de septiembre. Descargado de http://goo.gl/3Hoj5M [consulta realizada el 14-12-2010].

— (2010c), "Protesting as a Terrorist Offensive. The Arbitrary use of Terrorism Laws to Prosecute and Incarcerate", noviembre. Descargado de http://goo.gl/Z1eUys [consulta realizada el 21-11-2011].

Keohane, Robert O. (1988), *Después de la Hegemonía – Cooperación y discordia en la política económica mundial*, Buenos Aires, Grupo Editor Latinoamericano.

María José Llerena (2006), "Los deberes de Turquía para entrar en la UE", *El Mundo*, 8 de diciembre. Descargado de http://goo.gl/HO15LK [consulta realizada el 14-05-2010].

Nunziato, Dawn (2011), "En Internet también se libran varias batallas por la libertad de expresión", *Clarín*, 23 de octubre, pp. 40-41.

Oslon, Mancur (1965), *The Logic of Collective Action*, Cambridge, Harvard University Press.

Pacto Internacional de Derechos Civiles y Políticos (1976) [International Convention of Civil and Political Rights, ICCPR por sus siglas en ingles], adoptado por la Asamblea General de la ONU en su resolución 2200 A (XXI). Descargado de http://goo.gl/7VvbdV [consulta realizada el 03-11-2011].

Periódico ADN (2009), "Erdogan defiende a Al Bashir, aunque éste finalmente no viajará mañana a Estambul", 8 de noviembre. Descargado de http://goo.gl/VZB4Oa [consulta realizada el 15-10-2011].

Periódico Asbarez (2011), "Human Rights Court Rules Turkey Cannot Criminalize Genocide Recognition", 25 de octubre. Descargado de http://goo.gl/U9Cd63 [consulta realizada el 25-10-2011].

Periódico El Mundo (2004), "Erdogan, detrás de Ataturk", 18 de diciembre. Descargado de http://goo.gl/tJcDMY [consulta realizada el 14-05-2010].

Periódico El Mundo (2010), "Turquía someterá a referéndum las reformas de Erdogan", 6 de mayo. Descargado de http://goo.gl/98EY6Y [consulta realizada el 14-05-2010].

Periódico El País.com (2010a), "La oposición laica turca recurrirá a la reforma constitucional del Gobierno islamista", mayo. Descargado de http://goo.gl/bIub1Y [consulta realizada el 14-05-2010].

— (2010b), "El presidente turco aprueba la reforma constitucional para desmantelar el Estado autoritario", 12 de mayo. Descargado de http://goo.gl/iukLsm [consulta realizada el 14-05-2010].

— (2010c), "El fin del Estado autoritario turco", 29 de marzo. Descargado de http://goo.gl/1z86Nj [consulta realizada el 14-05-2010].

— (2010d), "La reforma constitucional de Erdogan sufre un grave revés", 3 de mayo. Descargado de http://goo.gl/nWQVd3 [consulta realizada el 14-05-2010].

Putnam, Robert D. (1996), "Diplomacia y política nacional: la lógica de los juegos de doble nivel", en Gil, Olga y Sanz Luis (comps.), *España: las fuentes internacionales de las políticas domésticas*, Zona Abierta, núm. 74.

Reglamento (CE) N.º 1889/2006 del Parlamento Europeo y del Consejo de 20-12-2006. Instrumento Europeo para la Democracia y los Derechos Humanos, período 2007-2013 (2006). Descargado de http://goo.gl/fdf64P [consulta realizada el 02-06-2010]-

Reporteros Sin Fronteras (RSF) (2008a), "Informe Anual 2008. La Libertad de Prensa en el Mundo en 2008", Capítulo Europa y ex URSS, París. Descargado de http://goo.gl/8RTAVp [consulta realizada el 30-05-2008].

— (2008b), "Unión Europea: periodistas en peligro", París, mayo. Descargado de http://goo.gl/B5JsWn [consulta realizada el 14-12-2010].

— (2008c), "Reforma del artículo 301: 'La libertad de expresión sigue peligrando en Turquía'", 5 de mayo. Descargado de http://goo.gl/0UZaKf [consulta realizada el 12-12-2011].

— (2009), "Informe Anual 2009, Guerras y elecciones cuestionadas: temas de mayor peligro para los periodistas", París, 30 de diciembre. Descargado de http://goo.gl/yR27XA [consulta realizada el 16-11-2010].

— (2010a), "Informe Anual 2009, La libertad de Prensa en el mundo 2009", París. Descargado de http://goo.gl/Oej2mP [consulta realizada el 16-11-2010].

— (2010b), "Asia Central, Turquía y Ucrania resultan preocupantes mientras el modelo europeo se fragiliza", 20 de octubre. Descargado de http://goo.gl/3W5dvr [consulta realizada el 14-12-2010].

— (2010c), "Europa cae del pedestal", 20 de octubre. Descargado de http://goo.gl/FuKG2g [consulta realizada el 14-12-2010].

— (2011), "Europa cae del pedestal, no hay respiro en las dictaduras. Clasificación Mundial de la libertad de prensa 2010", 23 de octubre. Descargado de http://goo.gl/lDeKS5 [consulta realizada el 06-11-2011].

The Economist (2010). "Special report on Turkey. Anchors aweigh", 21 de octubre. Descargado de http://goo.gl/DPsx9z [consulta realizada el 20-9-2011].

The Human Rights Advisory Board (2004), "The Minority Rights and Cultural Rights Working Group Report", octubre.

Tratado de Ámsterdam (1997). Descargado de http://goo.gl/MTyAsr. Diario Oficial N.º C340 10-11-1997 [consulta realizada el 17-05-2010].

Tratado Constitucional Europeo (2004). Descargado de http://goo.gl/7xJned [consulta realizada el 17-05-2010].

Tratado de Lausana (1923). Descargado de http://goo.gl/laIZCw [consulta realizada el 19-05-2010].

Tratado de Lisboa (2007). Descargado de http://goo.gl/QtxdWW [consulta realizada el 17-05-2010].

Tratado de Maaestricht denominado "Tratado de la Unión Europea" (1992). Descargado de http://goo.gl/PzopMM

Tratado de Niza (2001). Descargado de http://goo.gl/S3y-N2P Diario Oficial de la Unión Europea, 2007/C 303/ 01, 14-12-2007 y http://goo.gl/gFNgf8 [consulta realizada el 17-05-2010].

Tratado de Paris (1951). Descargado de http://goo.gl/ I9FXPS [consulta realizada el 17-05-2010].

Tratados de Roma (1957). Descargado de http://goo.gl/v2l-y6b [consulta realizada el 17-05-2010].

Zubelzú, Graciela (2007), "Entender a Rusia a través de sus fuerzas profundas. Ambivalencias y desafíos de una reflexión recurrente", *Revista brasileña de política internacional*, Instituto Brasileiro de Relacoes Internacionais, año 50, núm. 1, pp. 102-120.

Bibliografía consultada

De Zayas, Alfred (2010), *El genocidio contra los armenios 1915-1923 y la relevancia de la Convención de 1948 para la prevención y la sanción del delito de genocidio*, Buenos Aires, Consejo Nacional Armenio de Sudamérica, Catálogos.

Der Ghougassian, Khatchk, Terruzzi, Florencia, Bosoer, Fabián y Tokatlian, Juan Gabriel (2009), *El derrumbe del negacionismo*. Buenos Aires, Planeta.

Fassio, Adriana, Pascual, Liliana y Suárez, Francisco M. (2002), *Introducción a la Metodología de la Investigación aplicada al Saber Administrativo*, Buenos Aires, UBA, Facultad de Ciencias Económicas, Instituto de Investigaciones Administrativas, Ediciones Cooperativas.

Guarch, G. H. (2002), *El árbol armenio*, Barcelona, Planeta.

His Majesty's Stationary Office (1920), *Treaty of Peace with Turkey Signed at Sèveres, August 10, 1920. Presented to Parliament by Command of his Majestry*. Comp. Lebanon, Hamaskaine, Armenian Cultural Association, Londres.

Power, Samantha (2005), *Problema Infernal, Estados Unidos en la era del genocidio*, Buenos Aires, Fondo de Cultura Económica.

Páginas de consulta en Internet

www.coe.int [consulta realizada el 30-04-2010].
www.europa.eu [consulta realizada el 30-04-2010].
www.consilium.europa.eu [consulta realizada el 18-05-2010].
www.ec.europa.eu [consulta realizada el 27-04-2010].
www.icc-cpi.int [consulta realizada el 24-04-2010].
www.oecd.org [consulta realizada el 11-07-2010].
www.osce.org [consulta realizada el 11-08-2010].
www.osce.org [consulta realizada el 11-08-2010].
www.eu2010.es [consulta realizada el 18-11-2010].
www.ihd.org.tr [consulta realizada el 30-04-2010].
www.fidh.org [consulta realizada el 12-04-2010].
www.tihv.org.tr [consulta realizada el 02-06-2010].
www.hrw.org [consulta realizada el 23-04-2010].
www.amnisty.org [consulta realizada el 02-06-2010].
www.mrgi.org [consulta realizada el 03-08-2010].
www.eui.eu [consulta realizada el 27-07-2010].
www.biblio.eui.eu [consulta realizada el 27-07-2010].
wwi.lib.byu.edu/ [consulta realizada el 19-05-2010].
www.avalon.law.yale.edu [consulta realizada el 21-05-2010].
www.un.org [consulta realizada el 21-05-2010].
www.echr.coe.int [consulta realizada el 18-05-2010].
www.eur-lex.europa.eu [consulta realizada el 17-05-2010].
www.incipe.org [consulta realizada el 17-05-2010].
leandrodespouy.com [consulta realizada el 01-04-2011].
www.icc-cpi.int [consulta realizada el 01-11-2011].
www.coe.int/t/dghl/monitoring/ecri/default_en.asp [consulta realizada el 04-11-2011].
www2.ohchr.org/spanish/law/ [consulta realizada el 28-10-2011].
www.diplomatie.gouv.fr/es/ [consulta realizada el 15-12-2011].

Anexo: entrevistas

Dr. Despouy, Leandro. Entrevista en persona, 28 de marzo de 2011

Leandro Despouy es argentino, jurista, experto en derechos humanos y en derecho internacional. Desde 2002 es presidente de la Auditoría General de la Nación de la República Argentina. Presidió la Comisión y la Subcomisión de Derechos Humanos de la ONU (2001 y 1987). Se desempeñó como relator especial en derechos humanos de la ONU en cuatro oportunidades: sobre extrema pobreza (1996); sobre personas con discapacidad (1991), sobre países bajo estado de sitio o de excepción (1985-1997) y sobre la independencia de magistrados y abogados (2003-2009). Presidió la Primera Conferencia Internacional de Estados Partes en la Convención contra la Tortura y otros Tratos Crueles, Inhumanos y Degradantes (1987) y fue miembro del Grupo de Expertos y Asesores del Comité Internacional de la Cruz Roja (1986-2002).

Como experto de Naciones Unidas, ha llevado a cabo tareas de fortalecimiento institucional en varios países –Rusia, Paraguay, Guinea Ecuatorial, Haití, entre otros–. Como diplomático (embajador extraordinario y plenipotenciario), ha ejercido la Dirección General de Derechos Humanos (1986-1989) y la Representación Especial de este sector en la Cancillería argentina (2000-2001). En 1985 tuvo una intervención decisiva, como experto y diplomático, en el reconocimiento del genocidio de los armenios en las Naciones Unidas.

Es autor de numerosos libros y publicaciones. En 2008, la Fundación de la Unión Internacional de Magistrados le otorgó el Premio Internacional Justicia en el Mundo, en mérito a su trayectoria y a la constante defensa por la independencia de jueces y abogados. En agosto de 2009 recibió la distinción de Ciudadano Ilustre de Montevideo en reconocimiento a su compromiso con los derechos humanos, en particular por su actuación en los años setenta en la defensa de refugiados políticos latinoamericanos –muchos de ellos uruguayos– y por la denuncia internacional de los inicios del Plan Cóndor en Sudamérica realizada en el Tribunal Russell en 1975. En diciembre de 2010, el presidente de Armenia, Serge Sarkisian, le otorgó la condecoración "Mejitar Gosh", "por su significativo aporte al reconocimiento internacional del genocidio de los armenios".

Introducido el tema de estudio, el Dr. Despouy explicó las raíces históricas de la negativa sostenida por algunos países de la Unión Europea respecto del ingreso de la República de Turquía a la UE, como son los casos de Francia y de Alemania. Para ello resaltó la fuerte cultura democrática que históricamente ha caracterizado a Europa, independientemente de los factores económicos que indudablemente tiñen cualquier proceso político.

Entonces, recordó los sucesos de abril de 1967, en Grecia, con la Dictadura de los Coroneles para ilustrar este comportamiento consuetudinario. El golpe de Estado perpetrado por los coroneles griegos derrocó al gobierno electo e instauró un régimen autoritario; violó, fundamentalmente, los derechos políticos de los ciudadanos, principios democráticos defendidos por el Consejo de Europa, lo que desembocó en el retiro de Grecia cuando era inminente su expulsión, en 1969. Grecia no pudo reingresar al Consejo hasta el año 1974 con la restauración de la democracia.

Europa ha sido pionera en lo que respecta a la tutela de los DDHH y modelo para todos los foros y organismos del mundo. ¿Qué análisis le permite realizar su evolución a lo largo del tiempo?

Sabemos que los derechos humanos nacieron con la modernidad y los filósofos de la Ilustración pero sólo en el siglo XX, después de la Segunda Guerra Mundial y la aberrante experiencia del nazi-fascismo, adquirieron un desarrollo y una jerarquía jurídica que no tenían. Y no es que antes no se hubieran cometido crímenes contra la humanidad. Ese desarrollo, en parte, fue posible por el rol de los Estados vencedores en la construcción de un nuevo orden mundial, económico, social y político del cual emergieron las Naciones Unidas y organismos como el Consejo de Seguridad, el Fondo Monetario Internacional, etc., organismos regionales; y también surgieron el conflicto Este-Oeste y la Guerra Fría. La retórica de los DDHH ha sido el sustrato para la legitimación no sólo de acciones inciertas, como las guerras humanitarias, sino también de mejores propósitos. Si se me permite una simplificación sociológica en la línea de Pierre Bourdieu, diría que, en el ámbito de los DDHH, como sucede en cualquier campo social, en la resolución de la contienda entre tensiones variadas y cuando intervienen intereses y decisiones nacionales, no siempre la solución de un conflicto es la más justa, pero casi siempre es la posible y la que permite generar un nuevo campo con, naturalmente, nuevos problemas. Pienso que, a pesar de manejos políticos y del ostensible abandono de continentes enteros, como el africano, los DDHH y principios de la jurisdicción universal se fueron abriendo paso de manera auténtica y en ese aspecto el rol de los especialistas y el compromiso de algunos Estados fue fundamental para el debate y resoluciones clave en la Subcomisión y en la Comisión de Derechos Humanos de la ONU. El conjunto de tratados e instrumentos así lo prueba.

Estimo que Europa aprendió de su historia y se dio, progresivamente, mecanismos de salvaguarda regionales como el Consejo de Europa [creado en 1949]; la Convención Europea de Derechos Humanos [que entró en vigor en 1953] y la Corte [1954]. Fue una construcción pausada pero muy efectiva que ha aportado muy rica jurisprudencia. También es necesario considerar que, a pesar de diferentes dificultades y aunque la situación no sea la misma en todos los países –por ejemplo Grecia en crisis y Suecia con indicadores socioeconómicos muy buenos–, Europa ha tenido un considerable crecimiento económico y políticas públicas que han permitido satisfacer algo más que las necesidades básicas de su población y ello se expresa en democracias consolidadas y en el reconocimiento de DDHH de tercera generación, algo que no todos los países brindan a sus habitantes.

No obstante, es necesario estar alertas y tener en cuenta a millones de inmigrantes –muchos provenientes de las ex colonias– que acuden a Europa en busca de trabajo o de refugio político. Tengo presente la "Directiva de Retorno", esa resolución del Parlamento Europeo de 2008 que estableció inauditas condiciones de expatriación, hasta para menores de edad, que motivó una condena pública en mi condición de relator especial de la ONU. Como argentino puedo decirle que en nuestra región se vivió con perplejidad este hecho, ya que la mayoría de los países de América Latina se han poblado, desde mediados del siglo XIX, con europeos víctimas de la pobreza o de persecuciones políticas causadas por regímenes totalitarios.

Personalmente tengo una deuda de gratitud con Europa, ya que Francia me concedió refugio cuando, como miles de latinoamericanos, tuve que irme de mi país por la dictadura y pude asimilarme y hacer una experiencia profesional que marcó mi vida.

Evidentemente, los DDHH asumen un rol trascendental en el proceso de negociación para la adhesión de Turquía a la UE. ¿En qué medida cree usted que los DDHH condicionan esta integración?

Los Estados europeos deben respetar un procedimiento cuando solicitan su ingreso como miembros en la UE. El Consejo tiene que pronunciarse por unanimidad luego de consultar a la Comisión. Y antes de comenzar las negociaciones, la Comisión debe emitir un dictamen que examina las consecuencias políticas, económicas, jurídicas, etc. que puede acarrear la adhesión del Estado aspirante a miembro. Turquía comparte territorio con Europa y con Asia, encuadra como europeo –el Parlamento, el Consejo y la Comisión lo declararon admisible– y presentó su solicitud de asociación el 14 de abril de 1987. Estoy haciendo un itinerario muy esquemático. En la realidad, los trámites son bastante complejos, incluyen necesariamente que el Estado solicitante adhiera a todos los tratados y demandan un tiempo considerable y una serie de requisitos previstos en el Tratado de Ámsterdam que entró en vigor en 1999.

Estoy seguro de que la Resolución [del 18 de junio de 1987] que condiciona el ingreso de Turquía a la UE al reconocimiento del genocidio de los armenios está basada en DDHH. Es muy importante situarla en el contexto de aquellos años: entre 1986 y 1987 se produjeron los reconocimientos personales de dos presidentes de la estatura de Raúl Alfonsín y François Mitterrand. El debate en la ONU llevó muchos años y el proceso para la aprobación del Informe de Benjamín Whitaker se dio entre 1984-1985; fue arduo pero muy efectivo ya que la diáspora armenia pudo exhibir logros de envergadura y se abrió un proceso de reconocimientos que dura hasta hoy.

Su amplia experiencia en Naciones Unidas seguramente le ha permitido asistir a diversas instancias de negociación entre partes que, por las características propias del perfil negociador de cada una de ellas, parecieran irreconciliables; seguramente le ha permitido enfrentarse con situaciones que no parecieran encontrar una salida exitosa. En este caso, Turquía mantiene una relación de vecindad con la República de Armenia, sustentada en una política negacionista. ¿Qué elementos característicos encuentra en esta relación?

En el caso de Turquía, con respecto al genocidio de los armenios, hay que ser muy claros: Turquía nunca ha realizado una negociación con Armenia, ni antes ni después de su segunda independencia.

Lo que caracteriza a Turquía es el negacionismo, que se da en dos planos. Hay una doble negación: por un lado niega la existencia misma del genocidio, al punto que sólo se permite hablar de matanzas mutuas; por el otro, se niega a aceptar una negociación sustentada en su reconocimiento del genocidio. Esto es, Turquía no ha aceptado en ninguna instancia una discusión que pueda desembocar en el reconocimiento. Por el contrario, transformó la negación del genocidio en el eje de su política exterior y también de su política interna, al extremo de que ha comprometido su ingreso a la UE durante tantos años. Creo que es un caso único en la historia; por ejemplo, el conflicto de Palestina ha tenido negociaciones y, a pesar de que subsiste como conflicto, tiene otra dinámica.

Actualmente Turquía se presenta ante el mundo como un país islámico (a pesar de que su Constitución establezca el carácter laico), moderado y democrático, asumiendo la mediación de conflictos que captan la atención del mundo entero. Sin embargo, la violación de los DDHH en su territorio es una constante: innumerables informes de las organizaciones defensoras de estos derechos la denuncian cotidianamente, tribunales internacionales la han condenado por violaciones sistemáticas a estos derechos fundamentales, el incumplimiento de los criterios políticos de Copenhague la retiene en las puertas de la UE. A partir de lo expuesto, ¿cómo cree que debiera resolverse esta candidatura?

Efectivamente, aunque la mayoría de la población turca sea musulmana, Turquía no es una república islámica. Se ha mantenido en esta situación desde las reformas de Mustafá Kemal y quizá ésta ha sido una de sus principales credenciales para que se admita su candidatura de ingreso a la UE, aunque no se lo explicite de esta manera. Más allá de sus contradicciones internas y de que un sector de su población aspira a que sea regida por la *sharia*, hasta ahora su Constitución es laica quizá porque ha prevalecido el interés político de pertenecer a Occidente. Ello no impide que en su territorio se violen los DDHH, como en muchos países de Oriente y también de Occidente. No obstante, no puede desconocerse que desde 2002, es decir, desde que gobierna el Partido de Justicia y Desarrollo [AKP por sus inciales en turco], hay un acercamiento a la región que también se hace más visible a partir del alejamiento de Israel. Por la intervención militar en Gaza en 2008 y el episodio con la flotilla Mavi Marmara en 2010, Turquía refiere a "crímenes contra la humanidad" cometidos por su viejo aliado.

Suele hablarse de la "segunda muerte de Ataturk" por el proceso de acercamiento al Islam. El juego pendular entre la religión y el laicismo ha estado presente en la política turca desde el fin del Imperio y el Islam siempre ha sido utilizado por los diferentes gobiernos turcos. Ahora bien, no puede perderse de vista que las ambiciones imperiales forman parte de la historia turca y que, en sus aspiraciones de liderazgo en Medio Oriente, la identidad musulmana de buena parte de su población es un pasaporte convincente. El "neo otomanismo", sobre el que el ministro de Relaciones Exteriores Ahmed Davutoglu ha hecho importantes aportes académicos, propone una mirada política a Medio Oriente.

En materia de DDHH y aun cuando el talón de Aquiles de Turquía sigue siendo su política exterior y su relación conflictiva con armenios, kurdos, comunidades musulmanas no turcas, judíos, greco-chipriotas…, además de libertades conculcadas y adecuaciones a la legislación internacional, como la abolición de la pena de muerte, los derechos religiosos, de género, etc., las negociaciones con la UE están muy activas. Periódicamente se van registrando "progresos" que dan cuenta de la validez del trabajo diplomático de Turquía en pos de mostrar un país "moderno, democrático y laico", requisitos necesarios para su ingreso a la UE. En mi opinión, este proceso se ha acelerado desde 2004, cuando pasó la primera valla de los criterios políticos de Copenhague y hoy Turquía está más cerca de lograr su objetivo. En política exterior, ni las negociaciones ni los resultados son lineales; por el contrario, intervienen muchas variables y por ello tampoco son frecuentemente previsibles. Las alegaciones basadas en el respeto a los DDHH no siempre tienen la misma lectura y muchas veces un final abierto puede transformarse en un revés histórico.

Actualmente, la UE está transitando una crisis de identidad, algunos valores y principios como la tolerancia, la integración, el multiculturalismo en la Comunidad se ven avasallados por poderosos miembros. ¿Estos comportamientos repercuten en el proceso de adhesión de Turquía?

Sin duda la desaparición del Este como conflicto político ha puesto en otro plano la identificación de Medio Oriente con el "peligro religioso" que supuestamente representa el Islam o lo árabe. Una antigua estrategia del eurocentrismo ha sido unificar la imagen del Oriente con aquello que tan bien describió el escritor Edward Said como colonialismo occidental [*Orientalismo*, 1978]. Los valores inherentes a la diversidad cultural están en discusión y forman parte del mundo académico europeo. Pero no estoy seguro de que estos valores estén tan difundidos como políticas gubernamentales o entre poblaciones que se manifiestan xenófobas.

Pienso, por ejemplo, en una polémica inconcebible en la contemporaneidad como la reciente prohibición en muchos países europeos del uso del *hiyab*, el velo, que hoy es utilizado más como afirmación de identidad que como expresión religiosa de la mujer musulmana –cuya madre, curiosamente, había luchado por emanciparse de esta prenda–. Y la intolerancia europea es manifiesta porque a nadie se le ocurriría prohibir el indumento de las monjas. Utilizo el ejemplo del *hiyab* porque también es objeto de prohibiciones en Turquía

El dilema cultural en Turquía está muy bien tratado por el escritor Orham Pamuck en su novela *Kars* [*Nieve* en español, 2008]. Cuenta que en esta antigua –y hoy decadente– ciudad de la ex Armenia Occidental se verifica el suicidio de jóvenes por la prohibición del uso del *hiyab* en las universidades –esto no es ficción, sino una prohibición vigente–.

Como el suicidio es una práctica prohibida por el Corán, ellas también son objeto de censura por los musulmanes turcos. Allí aparecen, de la misma forma, los prejuicios de la sociedad turca con europeos, con el modelo occidental, y la represión de lo islámico-cultural en su propio territorio.

Por cierto, de ninguna manera creo que se esté reviviendo en Europa el mundo medieval de las Cruzadas y el multiculturalismo tiene expresiones muy positivas. Tampoco la revolución que se vive en los países de Medio Oriente se está definiendo en términos religiosos sino de más democracia, lo cual también es un fenómeno alentador. Lo que quiero decir es que las transformaciones culturales requieren más tiempo que las políticas y me parece que ni en Europa ni en Turquía éstas son cuestiones resueltas.

Dr. Kalfayan, Phillipe. Entrevista por correo electrónico, 2 de mayo de 2011

Secretary General of International Federation for Human Rights (FIDH) from 2001 to 2007. Region: Eastern Europe and CIS. Chargé de mission FIDH since 1995 for Eastern Europe and CIS.

Accredited Expert at the Council of Europe – DGI-Legal Affairs and Human Rights, Private Law Department, since 2003. Specialised in matters related to Administration of Justice And to Strengthening of Advocacy.

Managing Director STRADEV CONSEILS. Strategy and Development Consulting, Public and Institutional Capacity Building in Justice and Human Rights.[1]

Which is the organic composition of the Federation? How it integrates?

The International Federation of Human Rights Leagues (FIDH) is composed of member NGOs. Only natio-

---

1. CV sintetizado por quien suscribe el presente trabajo, con previa autorización y aprobación de Kalfayan.

nal NGOs devoted to Human Rights Protection, Defense and Promotion may turn members. Actually there are 164 member organizations from 100 countries. The membership decision shall be made upon mutual consent. FIDH usually looks for active and representative NGOs, conducting regular monitoring of human rights in their respective country, communicating regularly about gross violations, and publishing periodical reports. In return FIDH provides access to an international voicing platform, protection and solidarity through the FIDH network and communication media, relaying and lobbying strengths through its representative offices in Brussels (EU institutions), Geneva (UN institutions), The Hague (ICC), and New-York (UN headquarters).

The worldwide congress is the supreme body of the organization. It elects an International Board every three year, including Presidency, Vice-Presidencies, Treasury, and Secretary General Functions. They are all elected by the Congress, have a political role and work on benevolent basis.

The FIDH employs the executive staff (about 35), which is managed by an Executive Director and Thematic and Regional Desks Heads. Since recent time, FIDH also established representative decentralized offices: Cairo for Middle East, Nairobi for Africa, and Bangkok for Asia-Pacific.

Which is the proceeding to begin a mission into a country or region? Which is the mechanism of an investigation?

The proceedings are quite complex, especially when budgetary resources are always and ever limiting the number of missions. Demands for carrying out missions are legion and come from everywhere, since gross violations of human rights are so common and so much spread over all continents.

FIDH usual process is the following:

- A request for a mission has been issued by a member NGO and is accepted by the Executive Board. Then remains the financing issue. It shall be provided either by a granted program or be totally or jointly financed by local and FIDH sources.
- In case the local NGO is not at the origin of the request or does not want to support such a mission, FIDH may decide, depending on the urgency and sensitivity of the violation, to launch a mission. In that case, FIDH shall raise funds for it. It exists a special mission fund (independent and external to FIDH), which supports every year a few missions, but the selection of which is made by their Board members.
- In both cases, the lack of sufficient proper funding for launching missions is a handicap and makes the organization depend on indirect orientation: the granted programs are clearly imposing the territory of actions, while external mission funding structures operate the selection. That is why FIDH built up a strategy of mainstreaming thematic programs and searched for grants for it. The funding of missions is a real problem for such organizations considering that 75% of the financial resources are provided by public sources, means States or Intergovernmental institutions, and allocated to specific programs and territories. Hence keeping independence is a real challenge.

FIDH deploys a large range of actions that have proved to be effective: urgent reactions, both public and confidential; international fact-finding, trial observation and defence missions; political dialogue, advocacy, litigation and public awareness campaigns. The nature of the action is decided by the Executive Board of FIDH. The investigation mechanism always respects the contradictory principle, and the mission members officially demand for contacts with local authorities and don't limit themselves to listen and investigate only plaintiffs' allegations. However, in some countries governmental bodies and rulers reject such requests.

FIDH acts through a network of international experts (chargés de mission) who give their time on a voluntary basis, at the same time fostering exchanges of experience among defenders worldwide in order to encourage mutual sharing of know-how.

Does the FIDH participate inside of the international organizations that work defending the human rights? How?

Of course YES. FIDH is an international NGO defending all civil, political, economic, social and cultural rights, set out in the Universal Declaration of Human Rights. It acts in the legal and political field for the creation and reinforcement of international instruments for the protection of Human Rights and for their implementation. In that respect, FIDH has either consultative or observer status with the United Nations, UNESCO, the Council of Europe, the OIF, the African Commission on Human and Peoples' Rights (ACHPR), the OAS and the ILO. FIDH is in regular, daily contact with the UN, the EU and the International Criminal Court through its liaison offices in Geneva, New York, Brussels and The Hague. FIDH has also opened offices in Cairo, Nairobi and Bangkok to further its work with the League of Arab States, the AU and the Association of Southeast Asian Nations (ASEAN).

Historically, for examples FIDH contributed actively in the lobbying for the UN declaration on Human Rights Defenders in 1998, which ended in the creation of a Special Rapporteur mechanism, or for the adoption of Rome Statute of the International Criminal Court in July 1998, which ended in the creation of the ICC in 2002.

How permeable are the authors (countries, individuals, corporations) to accept the recommendations and observations that

NGOs such as the FIDH complaints made against human rights violations?

The struggle for Human Rights and Justice is unlimited, the record is unstable, the application unfair. I explain. The action in favor of Human Rights is restless and unlimited because governments and states, whatever the nature of their regime and their geographical location are always tempted to limit rights and freedoms, especially in times of war or crisis. There is no one regime and country spared by degradation of freedoms and rights since 10 years. Just to give some examples: the drafting of dangerous liberty-killer laws to fight against terrorism, the tolerance of torture and ill-treatment, the treatment of immigrants, the religious intolerance, the ethnic conflicts and their subsequent violence, etc. Therefore, the record is very unstable, and justifies greatly the actions of NGOs for collecting information, investigating, alerting, and writing and spreading reports about those violations. The recommendations made by NGOs aim at influencing decisions by intergovernmental organizations, such as the UN, EU, or Council of Europe. If the NGOs did not play that role, governments and executive authorities would never face counter powers. However, one should admit that Human Rights principles and mechanisms are easier to impose, even by force to some countries than to others. In other words, the double standard is a reality and verified every day. Some countries, because of their power or importance in the world affairs, do not care for those recommendations and even for condemnations: that is true for countries like USA, China, Russian Federation, but also for Israel, Saudi Arabia and other "protected" countries, due to the "real politik" and geopolitical considerations. At last and not the least, international justice is also facing double standard: it is easier to bring before the ICC a criminal like Milosevic (Serbia) than George Bush junior (USA), or Omar El Bechir (Soudan) than Ariel Sharon (Israel). FIDH filed complaints for crimes of war and crimes against humanity, in association with other NGOs, against

Bush or Sharon, using universal competence mechanism of some countries' jurisdictions, but they failed.

Are there any patterns for common behaviors to particular regions?

Undoubtedly, each region, because of some historical or socio-religious reasons, has its own peculiarities. Take the example of former Soviet Union republics. Most of them present today the same picture as far as democratic and Human Rights records. The same process can be observed in all these post-soviet independent countries. The same remedy should probably be applied to solve their issues, but taking into consideration the influence of the regional powers such as Russia and Turkey. African and Arab countries have different features. Very often, country rulers but also common citizens of these countries claim that the West try to impose a democratic model and human principles that they have invented but are not adapted to their culture, philosophy and context. China is of this opinion and wants to create its own standards. That is a quite important issue and I personally believe that the challenge of international NGOs is to prove that the principles defended and promoted are only the universal ones: means the fundamental rights enshrined in the Universal Declaration of Human Rights. The fact, that FIDH federates national NGOs, fully contributing to the internal debate but solely implementing the principles in their country, offers some guarantees for preventing too invasive scenarios. For an example, it is absolutely undisputed to fight against torture and ill treatment in Saudi Arabia, but more difficult to pretend defending, on the same level, the rights of wedding between homosexuals in the same country.

What do you think about the role that the United Nations is playing, having in mind the recently events in the Arab world, or the invasion in Iraq (2003), the non-solved Palestinian-Israe-

li conflict, the attack to Gaza (2009) to mention some of the last decade's?

The role of the United Nations Organization (UNO) is unprecedented despite its drawbacks. One of the drawbacks lays in the composition of the Security Council: five (5) countries have a veto right and fair decisions are hindered. The General Assembly has no power to impose the execution of its decisions. Further, we have seen, in the case of the invasion of Iraq, that its prominent member, the United States, violated openly the UN posture and decisions. The case of the Palestinian-Israeli conflict is quite illustrating of the double standard: Israel is the country that has been the most condemned by the UN General Assembly but it never complied with the decisions. This is reality and injustice.

World affairs without UN would however be worse. Dialogue between countries is crucial for keeping peace. NGOs and Civil Society worldwide shall work together to impose reforms of the UN governance. The role of emerged powerful countries should be reinforced in order to counter balance the super powers influence, and the Security Council composition, decision and voting process shall be reformed.

Which is the impact of the Turkish domestic policy related to the protection of minorities, freedom of press, religion, etc. about its relation with European institutions and the requirement established according to the Copenhagen Principles?

One should read the Copenhagen principles in order to understand that they are very widely open to interpretation, because too general and empty of content. Turkish domestic laws underwent changes in order to get harmonized with European Union demanded reforms. However, as far as protection of minorities, European Union did not raise and impose the fundamental changes to operate for Turkey. In that respect, unless Turkey is ready and willing to redefine the concept of the Turkish citizenship, to give up the Treaty of Lausanne and its restrictive and discriminative definition of minorities, nothing may impact its policy. The Constitution requires fundamental changes in this perspective.

What do you think about the legal and social reforms that Turkey has started in order to enter European Union?
Despite the legal amendments package, recently added to Turkish Constitution, serious human rights violations remain and the reforms are not sufficiently effective. In the practice, it is still deemed outrageous to publicly discuss militarism or to express some opinions or thoughts supposedly threatening national security or interests or insulting Turkish State or identity. There are still deaths in prisons under torture and hundreds of extra judiciary killings in the South East territories. A new constitution would be a fundamental step to solve some human rights questions as the Kurdish problem, the rights of cultural and religious minorities, the lack of freedom of expression, the need of association rights, better conditions for prisoners and the decline of military system role. Compliance on paper is not enough. When assessing progress on human rights, the criteria must be what in practice is happening. The reforms are clearly not sufficient and must improve for growing chances of joining EU.

With Turkey's social and cultural characteristics, how do you estimate this would have an effect on the expansion process that the European Unions is facing?
The biggest challenge for Turkey is to understand that entering European Union means abandoning its extreme nationalistic mindset and ideology. Europe has been built upon common values but also relative acceptance by its members for less national sovereignty and chauvinism. This is true for civil matters: EU directives are binding and oblige national legislations and rules to adapt, but also more and more for political matters. The EU is not yet a unique

political force but tends to adopt common stance on world affairs. Is Turkey ready for this model? It is certainly not.

The second challenge is the religious characteristic. Turkey considers itself as a secular state, but in reality is not: the Religious Affairs Directorate is a State body, which hires and manages about 85,000 people, including imams and hitaps. They manage directly all Muslim worship buildings and religious education programs in schools, etc...The Constitution makes a clear difference between Muslim or non-Muslim citizens, and in practice there were so far objective discriminations.

With the religious and cultural dimensions which Turkey own, how these two influences (their specific gravity) in the arm wrestling between the occidental and Islamic worlds?

The ruling party, AKP, succeeded in lessening the power of the Army over the domestic policy and the Executive. However, it has not changed the nationalistic and religious dimensions of the regime. On the contrary, in addition to nationalism, there is rampant islamization of the Society. Also, its foreign policy changed quite dramatically and is now centered on the Muslim world, from Central Asia to Africa, and from Indonesia to Near and Middle East.

We are aware that the European Union is not homogeneous respect Turkey's entry. Nowadays, which are the factors that prevail or make conditional such entry?

This is quite difficult to answer this question, because most of the European countries don't speak truly and freely about their opinions. For a country like the UK, firmly market oriented, and looking for expanding the economic zone of EU, there is no precondition other than Copenhagen principles. For others, like France and Germany, which ambition political union for EU, there is a serious threat of massive Turkish immigration in their respective countries or in the governing bodies of EU. New Eastern European entrants in EU fear Turkey but even more Russia and for that reason push for Turkey's entry into EU and plead for isolation of Russia. Finally, one should not forget that Turkey has still not solved the Cyprus issue and did not meet EU requirements in that respect.

Today the European Union is going through an identity crisis, some values and principles such as tolerance, integration, multiculturalism inside the Community are being violated by the powerful countries. Do you think this is having an impact in the joining process of Turkey?

At least it provides arguments to Turkey to better negotiate its entry. Turkish intellectuals and officials love reminding the audiences that the French Constitution does not recognize the existence and concept of national minorities and that France made reservation on the article 27 of the international covenant on civil and political rights.

The identity crisis in Europe and intolerance shown towards Muslim populations in many countries throughout Europe is in fact a challenge for Europe not for Turkey. It surely will have an impact when time will come for EU to make a definitive decision about Turkey's integration, because public opinions are not ready to accept Turkey.

Adenda: avances de 2011 a 2013

El objeto de la presente adenda consiste en actualizar la investigación realizada en el cuerpo principal del trabajo, incorporando los avances producidos durante los años 2011, 2012 y 2013 en el marco de las negociaciones abiertas para la adhesión de la República de Turquía a la UE.

El proceso de negociación entre la UE y Turquía en miras a la adhesión de esta última al "club del viejo continente" no ha experimentado grandes variaciones entre los años 2010 y 2013 respecto de los años anteriores y, particularmente, del período estudiado en el cuerpo principal de la investigación (1998-2010). Sin perjuicio de lo cual, los hechos más salientes se produjeron en el año 2013. Es por ello que avanzo con un relevamiento de los años 2011, 2012 y 2013 y hago principal foco en este último debido a la relevancia de los acontecimientos producidos en el campo de los DDHH.

La agenda de ampliación de la UE se mantiene firme en torno a los valores basales de su creación, como son el Estado de Derecho, la democracia, el respeto de los DDHH, la protección de las minorías y una economía de mercado. A partir de la experiencia de procesos de ampliación anteriores, actualmente los procesos de adhesión son más rigurosos con los países candidatos pero también aplican una vara más equitativa respecto de los progresos alcanzados con miras a la futura membrecía.

El Estado de Derecho es el corazón de la ampliación, por ello se requiere de los candidatos que hayan introducido profundas reformas que permitan alinearse con los criterios políticos de Copenhague. Transformaciones producidas en el Poder Judicial de cada país candidato con vistas a un sistema judicial independiente, transparente y eficiente, al mismo tiempo que el encauzamiento de la lucha contra el crimen organizado y la corrupción de manera que los cambios ya se encuentren implementados, son la clave. Asimismo, las instituciones democráticas deben encontrarse sólidas y afianzadas, con una activa participación de la sociedad civil que acompañe las reformas en la administración pública, en todos sus estamentos. En definitiva, el Estado de Derecho ofrece la seguridad jurídica necesaria para la expansión de los negocios, el crecimiento del empleo y, por lo tanto, el desarrollo de la economía de mercado en una sociedad pujante.

El adecuado funcionamiento de las instituciones democráticas tiene un papel central de acuerdo con los criterios políticos de Copenhague. La independencia de los poderes, la intervención activa del Parlamento así como el adecuado equilibrio de poder entre los gobiernos central, regional y local contribuyen al diálogo abierto entre la sociedad civil y la clase política.

El respeto de los derechos civiles, políticos, sociales y económicos así como también de los DDHH mantiene su posición visceral entre los principios rectores de la UE y por tanto de los procesos de ampliación. En este contexto, la garantía del derecho a la libertad de expresión y a la protección de las minorías continúan siendo las banderas que encabezan las condiciones para ser miembro. Conforme el informe sobre "Estrategia de Ampliación y Principales Desafíos" emitido por la Comisión Europea para los períodos 2013-2014[1] aún persiste una ineficiente tutela respecto de estos derechos fundamentales en los países candidatos. En algunos casos el marco legal se ha dispuesto, sin embargo la protección fracasa en la práctica y se expresa en diversas formas de discriminación, de xenofobia, de censura. Es un amplio abanico de áreas que involucran la vida cotidiana del ciudadano, como ser la educación, la política, la cultura, los deportes, los medios de comunicación masivos (papel,

---

1. Comisión Europea, Bruselas 16-10-2013.

radio, televisión, Internet) y el ejercicio de un periodismo independiente, las que se encuentran afectadas por la vulneración de estos derechos.

Con todos estos conceptos vigentes, en julio de 2013 Croacia logró satisfacer los criterios de Copenhague y se convirtió en el Estado número veintiocho que integra la UE.

En relación con los actuales candidatos, ellos son cinco países: Antigua República Yugoslava de Macedonia, Islandia, Montenegro, Serbia y Turquía. Albania,[2] Bosnia Herzegovina y Kosovo[3] ostentan el estatus de potenciales candidatos. Los países de los Balcanes Occidentales que han iniciado el proceso de estabilización y de asociación poseen la condición de potenciales candidatos.

En los casos de Serbia y de Kosovo, así como también de Montenegro, las negociaciones de adhesión reflejaron importantes avances en los planes de acción implementados durante el año 2013.

Para el caso de Turquía los capítulos abiertos al proceso de negociación son: empresa e industria; propiedad intelectual; derecho de sociedades; seguridad alimentaria, política veterinaria y fitosanitaria; medio ambiente; sociedad de la información y medios de comunicación; defensa al consumidor; impuestos; estadísticas; libre movimiento de capital; control financiero; redes trans-europeas y política regional y coordinación de instrumentos estructurales, mientras que un capítulo se encuentra provisionalmente cerrado: ciencia e investigación. El último capítulo que se abrió fue el número 22, política regional y coordinación de instrumentos estructurales, en el año 2013. Hasta tanto Turquía no cumpla su compromiso de aplicar en su totalidad el protocolo adicional al Acuerdo de Ankara, el Consejo de Europa

---

2. Albania se ha sumado recientemente (27 de junio de 2014) y su proceso aún es muy incipiente.

3. Esta denominación según la definición de la Resolución 1244 del Consejo de Seguridad de las Naciones Unidas (1999) y con la Opinión de la Corte Internacional de Justicia sobre la declaración de independencia de Kosovo.

mantiene la decisión tomada en 2006 de no abrir ocho capítulos y no cerrar provisionalmente ninguno.

En el marco del proceso de adhesión iniciado, la Comisión Europea continúa emitiendo informes anuales respecto del progreso dado por los países candidatos. En los informes de los años 2011 y 2012, la Comisión concluyó que Turquía ha progresado parcialmente con el fin de alcanzar los estándares europeos exigidos. Sin embargo, debe profundizar las reformas en relación con la protección de los DDHH y en particular garantizar la libertad de expresión y el derecho al acceso a la información no sólo recogiéndolos en las normas sino esencialmente focalizando en asegurar el efectivo goce de estas libertades fundamentales que hacen al ejercicio legítimo de la democracia. Es elevado el índice de casos judicializados contra periodistas y defensores de los DDHH, así como también es alto el grado de restricciones al acceso a la información que se verifican día a día: Internet, redes sociales, youtube, twitter son permanentemente prohibidos. Los informes resaltan la oportunidad desaprovechada por el Gobierno durante las elecciones parlamentarias de junio de 2011.

Por otra parte, la Comisión Europea puso el acento –en uno y otro informe– en el significativo avance que representará en las negociaciones de adhesión el momento en que Turquía normalice definitivamente su relación con Chipre cumpliendo las obligaciones internacionales asumidas en 2005 y resuelva pacíficamente sus asuntos regionales –esto es, con Armenia– e internos –con los kurdos y otras minorías–.

El informe de 2012 destacó la Agenda Positiva[4] que se acordó con el propósito de oxigenar la relación entre la UE y Turquía y de acompañar el proceso de negociación iniciado en numerosas áreas de común interés, como son las reformas políticas, la adecuación de la legislación nacional

---

4. La Agenda Positiva se acordó el 17 de mayo de 2012.

a la de la UE, el diálogo sobre política exterior, la visa, la movilidad y la migración, el comercio, la energía y el contraterrorismo. El informe señaló la importancia del trabajo emprendido en torno a las enmiendas a la Constitución, la adopción de la figura del Defensor del Pueblo, así como también las mejoras introducidas por el tercer paquete de reformas al sistema judicial turco.

Sin perjuicio de la puesta en marcha de estas reformas, la Comisión Europea se mantuvo observando con gran preocupación cuán lejos Turquía se encuentra de alcanzar los criterios políticos de Copenhague. La vulneración de los DDHH se encuentra enraizada en la sociedad y principalmente en los estratos de poder público, sean estos administrativos, policiales, políticos o judiciales. A pesar de las recientes elecciones desarrolladas, el sistema electoral adolece de un mecanismo de consulta efectivo que abra paso a la participación civil de los ciudadanos y de las organizaciones sociales y no gubernamentales, que contribuya a la transparencia en los procesos de toma de decisiones y consecuentemente disminuya los altos niveles de corrupción. El informe encendió la alarma dado que, empero las reformas legislativas introducidas en los últimos años, éstas se reducen a la letra del texto sin alcanzar una transformación auténtica en los hechos: persisten las prácticas de abuso de poder por parte de las fuerzas de seguridad; los actos de discriminación no cesan; la limitación del derecho al debido proceso impide garantizar un juicio justo, imparcial y previo; en nombre de la lucha contra el terrorismo y el crimen organizados las libertades de expresión, de asamblea y de asociación se ven fuertemente cercenadas; tanto periodistas y escritores como defensores de los DDHH son intensamente perseguidos y sometidos a largos juicios que no alcanzan una resolución definitiva. Por otra parte, el informe reitera las condiciones de vulnerabilidad a las que son sometidas las minorías mientras los debates sobre las Cuestiones Armenia y Kurda continúan sin arribar a ninguna solución.

El informe del año 2013 retoma los aspectos señalados en los informes anteriores y resalta el progreso que representan los cambios legislativas aprobados en 2010 y en los años siguientes: la aprobación del cuarto paquete de medidas diseñado para mejorar el sistema judicial, la apertura del Instituto Nacional de Derechos Humanos Turco y el proceso de paz iniciado con el objetivo de poner fin al terrorismo y a la violencia en el sureste del país. El proceso de adhesión pareciera ser el marco ineludible para promover la relación bilateral entre la UE y Turquía; en ese sentido, luego de tres años de estancamiento, la apertura del Capítulo 22 sobre política regional y coordinación de instrumentos estructurales[5] vigorizó las negociaciones. En diciembre del mismo año, la UE firmó un acuerdo de readmisión con Turquía sobre inmigrantes irregulares e inició el diálogo sobre la supresión de la visa para ciudadanos turcos que quieran viajar a la UE.

No obstante, la Comisión Europea enfatizó la necesidad de que Turquía se aliñe con los valores y principios europeos desarrollando una verdadera democracia participativa respetuosa del sistema republicano de gobierno y tolerante de la diversidad y la necesidad de que consolide una profunda y genuina reforma del sistema penal turco –código y leyes– que faculte a jueces y a fiscales una interpretación justa y razonable de las normas, proporcionando el acceso a una justicia independiente que garantice el ejercicio de libertades y la protección de los derechos fundamentales. El informe apuntó a la importancia de utilizar el sistema de *checks and balances* en las democracias modernas y destacó el rol fundamental que debería poseer la Gran Asamblea Nacional Turca dentro el sistema político, promoviendo el pluralismo y abriendo oportunidades de diálogo y de construcción colectiva entre los partidos políticos y la sociedad civil. Sin embargo, la realidad indica

---

5. El Capítulo 22 se abrió el 5 de noviembre de 2013.

que la clase política se encuentra sumamente polarizada, sujeta a una mayoría parlamentaria por la que la formación de consensos se ve fuertemente amenazada. El Poder Ejecutivo concentra excesivas facultades y atributos que no le son propios y las instituciones democráticas se encuentran debilitadas. El derecho al acceso a la información se encuentra absolutamente restringido, los medios de comunicación se ven limitados en los contenidos que brindan, las redes sociales (Facebook, youtube, twitter) son permanentemente censuradas e incluso algunas prohibidas. Toda esta situación da como resultado una ineficiente y precaria protección de los DDHH y de las libertades, que sin lugar a duda limita eventuales progresos para alcanzar los puntos de referencia (*benchmarks*) exigidos por la UE en miras a la apertura de dos nuevos capítulos, el 23 sobre Poder Judicial y DDHH y el 24 sobre justicia, libertad y seguridad.

Por otra parte, y con un peso específico importante, las Cuestiones Armenia y Kurda permanecen aún sin resolver. La desprotección deliberada hacia minorías no musulmanas estremece en los albores del siglo XXI. Estos grupos son víctimas de mal trato, de la arbitrariedad y de la xenofobia, las mujeres son maltratadas y en muchos casos víctimas del "crimen por honor"; los niños son sometidos al trabajo esclavo; los homosexuales y las lesbianas son completamente marginados del sistema. Todo esto confronta con valores y principios esenciales de la cultura y de la identidad europea defensora por excelencia de la diversidad y del pluralismo.

Otro capítulo merece el bloqueo al que Turquía sigue sometiendo a Chipre, incumpliendo de este modo las obligaciones internacionales asumidas respecto de los estados miembros de la UE, como lo es Grecia. Consecuentemente, esta posición de no conciliar aleja a Turquía de los estándares mínimos fijados en Copenhague.

A pesar del esfuerzo comunitario de la UE acompañando los procesos de democratización que aún requiere la sociedad turca, la intolerancia persiste alimentada por el excesivo uso de poder de las autoridades públicas y de las fuerzas de seguridad. La discriminación por motivos de religión, étnicos o de afinidad partidaria se vive en las calles. Las libertades de expresión, de asociación y de asamblea fueron brutalmente vulneradas en mayo y junio del año 2013 cuando policías antidisturbios oprimieron a manifestantes turcos que se expresaban pacíficamente en los alrededores de la Plaza Taksim y el colindante Parque Gezi, en Estambul, contra la construcción de un centro comercial en el mayor espacio verde de la ciudad. El saldo de esta violenta represión fueron tres muertos, ocho mil manifestantes golpeados, heridos con municiones reales, balas de goma directamente a la cabeza, gases lacrimógenos, cañones de agua, sometimiento a feroces palizas, abusos sexuales a manifestantes de sexo femenino, incluso arrestos ilegales, mientras que los agentes policiales a la fecha no han sido procesados ni retirado de sus cargos. La violencia se extendió a periodistas, médicos, abogados, estudiantes que asistieron a los manifestantes, quienes fueron amenazados, acosados e incluso también arrestados.

Además del avasallamiento sobre los DDHH de los ciudadanos turcos, los hechos ocurridos en Gezi –que posteriormente se replicaron en toda la extensión del país– pusieron de manifiesto, por un lado, la impunidad que se sostiene frente al uso excesivo de la fuerza utilizada por la policía y, por el otro, el grado de debilidad de las instituciones democráticas y el frágil Estado de Derecho imperante en Turquía. Estos acontecimientos también expresaron a viva voz la urgente necesidad de cambio que la sociedad civil reclama legítimamente a la clase política, exigiendo gobernantes respetuosos del pluralismo, de la diversidad y de la igualdad de género, promoviendo y garantizando la libertad de expresión, de asamblea y de organización, de conciencia, de pensamiento y de religión. El cuarto paquete de reformas judiciales introducidas en el año 2013 dejó fuera de las enmiendas al cuestionado artículo 314 del Código Penal Turco por el cual se tipifica el delito de integrar una organización armada y bajo este gran paraguas se mantiene la vía para arrestar a periodistas, a defensores de los DDHH, a estudiantes, a académicos y a cualquier ciudadano que se exprese libremente, como fue el caso de los lamentables hechos del Parque Gezi.

Para concluir, Turquía mantiene su condición de país candidato y socio estratégico de la UE. Su inmensa y dinámica economía la posiciona entre los socios privilegiados. Su ubicación geopolítica la convierte en un actor trascendente de la región. Sin embargo, el proceso de adhesión en los años 2011, 2012 y 2013 no ha verificado importantes progresos que permitan observar una transformación real de las instituciones y sus instrumentos en miras a la membrecía. Los requisitos fijados por los criterios políticos de Copenhague se encuentran lejos de las condiciones que ofrece Turquía, lo que va de la mano con el incumplimiento del acervo comunitario y su incorporación a la legislación nacional.

La arbitrariedad es manifiesta, la intolerancia, la violencia y la corrupción persisten como herramientas de poder en la República de Turquía, lo que distancia a las sociedades europea y turca, en las que los debates internos en torno a la adhesión a la UE se fracturan cuando se revisan los insuficientes progresos realizados en materia de tutela de DDHH, de fortalecimiento de la democracia y del Estado de Derecho y de la protección de minorías.

Bibliografía citada

Amnistía Internacional (AI) (2013a), "Turquía debe poner en libertad a las personas que se manifestaban pacíficamente en Taksim", Archivo de Noticias, 9 de julio. Descargado de http://goo.gl/jcjOIk [consulta realizada el 15-10-2014].

— (2013b), "Turquía, acusada de graves violaciones de derechos humanos cometidas durante las protestas del parque Gezi", Comunicados de Prensa, 2 de octubre. Descargado de http://goo.gl/5BZDME [consulta realizada el 15-10-2014].

— (2013c), "Turquía, atrapado en las protestas del parque Gezi", 9 de diciembre. Descargado de http://goo.gl/HgD-V3p [consulta realizada el 15-10-2014].

European Commision (EC), Communication from the Commision to the European Parliament and the Council (2011), "Turkey 2011 Progress Report. Enlargement Strategy and Main Challenges 2011-2012 (SEC 2011-1201)", Bruselas, 12 de octubre. Descargado de http://goo.gl/qXL2HN [consulta realizada el 15-09-2014].

— (2012), "Turkey 2012 Progress Report. Enlargement Strategy and Main Challenges 2012-2013 (SWD 2012-336)", Bruselas, 10 de octubre. Descargado de http://goo.gl/91iV2Y [consulta realizada el 15-09-2014].

— (2012), "Enlargement Strategy and Main Challenges 2012-2013 (COM 2012-600)", Bruselas, 16 de octubre. Descargado de http://goo.gl/R7ksDW [consulta realizada el 15-09-2014].

— (2013a), "Turkey 2013 Progress Report. Enlargement Strategy and Main Challenges 2013-2014 (SWD 2013-417)", Bruselas, 16 de octubre. Descargado de http://goo.gl/3IM1Oh [consulta realizada el 15-09-2014].

— (2013b), "Enlargement Strategy and Main Challenges 2013-2014 (COM 2013-700)", Bruselas, 16 de octubre. Descargado de http://goo.gl/VFMIar [consulta realizada el 15-09-2014].

European Commision, Enlargement, Countries, Detailed country information, Turkey: http://goo.gl/bgZra2 [consulta realizada el 10-09-2014].

European Comission (EC), Press Realise Database, MEMO (2011), "Key findings of the 2011 progress report on Turkey", Bruselas, 12 de octubre. Descargado de http://goo.gl/O5P1Mn [consulta realizada el 01-10-2014].

— (2012), "Key findings of the 2012 progress report on Turkey", Bruselas, 10 de octubre. Descargado de http://goo.gl/1tO5iB [consulta realizada el 01-10-2014].

— (2013), "Key findings of the 2013 progress report on Turkey", Bruselas, 16 de octubre. Descargado de http://goo.gl/AhqaL5 [consulta realizada el 01-10-2014].

European Parliament (EP) (2011/2889-RSP) (2012), "Progress Report on Turkey 2011", Estrasburgo, 29 de marzo. Descargado de http://goo.gl/ZA2wly

European Parliament (EP) (2012/2870-RSP) (2013), "Progress Report on Turkey 2012", Estrasburgo, 18 de abril. Descargado de http://goo.gl/GfjXA8 [consulta realizada el 13-10-2014].

European Parliament (EP) (2013/2945-RSP) (2014), "Progress Report on Turkey 2013", Estrasburgo, 12 de marzo. Descargado de http://goo.gl/oEMzGd [consulta realizada el 13-10-2014].

Human Rights Watch (HRW) (2013a), "Turkey: End Police Violence at Protests", 1 de junio. Descargado de http://goo.gl/a7bAP7 [consulta realizada el 15-10-2014].

— (2014), Dispatches: "Will Turkey's new President protect the rights of everyone?", 12 de agosto. Descargado de http://goo.gl/WvZ2AK [consulta realizada el 15-10-2014].

— 2013b), Dispatches: "European Court presses Turkey on Justice", 13 de noviembre. Descargado de http://goo.gl/9Eh52B [consulta realizada el 15-10-2014].

Periódico Europapress.es (2013), "UE y Turquía firman acuerdo de readmisión de inmigrantes irregulares y lanzan dialogo para suprimir visados", Bruselas, 16 de diciembre. Descargado de http://goo.gl/81hfi2 [consulta realizada el 13-10-2014]

Páginas de consulta en Internet

www.coe.int [consulta realizada el 15-03-2014].
www.europa.eu [consulta realizada el 15-03-2014].
www.ec.europa.eu [consulta realizada el 27-04-2014].
www.ihd.org.tr [consulta realizada el 30-04-2014].
www.fidh.org [consulta realizada el 30-04-2014].
www.tihv.org.tr [consulta realizada el 02-09-2014].
www.hrw.org [consulta realizada el 20-09-2014].
www.amnisty.org [consulta realizada el 20-09-2014].
www.mrgi.org [consulta realizada el 20-09-2014].
www.eui.eu [consulta realizada el 17-10-2014].
www.echr.coe.int [consulta realizada el 18-10-2014].
www.eur-lex.europa.eu [consulta realizada el 18-10-2014].
www.europarl.europa.eu/portal/es [consulta realizada el 18-10-2014].

Esta tirada de 100 ejemplares se terminó de imprimir en enero de 2015 en Imprenta Dorrego, Dorrego 1102, CABA

www.ingramcontent.com/pod-product-compliance
Lightning Source LLC
Chambersburg PA
CBHW020707270326
41928CB00005B/315